거울 속 눈썹 빗는 남자

거울 속 눈썹 빗는 남자

조세증 수필집

도서출판 태원

|머리글|

문학의 힘과 예술적 가치

    한시도 멈추지 않고 흐르는 것이 세월이고 인생입니다. 뒤돌아보니 어느덧 문학의 세계에 입문한 지 삼십여 성상(星霜)이 바람처럼 흘러갔습니다. 산과 들에는 봄이 오면 한겨울 매섭게 불어치던 한파를 이겨내고 산천초목이 푸르러지겠지요. 자연은 봄을 맞고 또 때가 되면 여름을, 가을을, 그리고 겨울을 맞이할 것이고 또다시 새로운 신록의 봄을 온 산하에 펼쳐놓을 것입니다.

    반면 우리네 인생은 한 번 가면 다시는 과거의 그 시절로 되돌아갈 수가 없습니다. 하지만 인간은 그 대신 주변 환경에 적응하면서 유전적 생물학적 진화를 거듭해 왔고 정신적 의식적인 무한대의 시·공간을 확대 지배할 수 있었습니다. 또한 지구상에 금자탑같이 빛나는 찬란한 문화의 꽃을 피워왔고 인류의 번성을 이룬 유일무이한 영장류로 자리 잡을 수 있었습니다.

    거기에는 문학이 한 축을 이루어 인간성의 존양(存養)과 심적 영역의 순기능 역할을 담당해 왔고 더 나아가 지구촌 문명을 이끌어 가는 원동력이 되었던 것입니다. 그렇기에 문학의 힘과 예술적 가치는 이루 거론하기 어렵고 논하기조차 버거운 것입니다.

    산마루의 붉은 노을이 오늘따라 더욱 장엄하고 아름답습니다.

그간 이웃과 함께 살아온 생활 속에서 좀 더 나은 내일을 소망하면서 한 편 두 편 모아두었던 글을 한 권의 책으로 묶어 펴 내게 되었습니다.

한 존재가 세상에 태어나 희로애락의 긴 생의 터널을 지나오면서 겪고 부딪긴 일상 속 삶의 편린(片鱗)들입니다. 느끼고 생각하고 후회하고 참회하고 속죄하면서 보냈던 지난날 저 자신의 자화상을 숨김없이 글로 그려 봤습니다.

소중한 책이 발간되기까지 옆에서 묵묵히 도와준 아내와 가족들 그리고 친지 및 친구, 지인 등과 독자 여러분께 감사드립니다. 아울러 출간을 지원해 주신 '강원문화재단' 이사장님과 임직원 여러분께도 감사드리고 출판을 맡아 주신 '도서 출판 태원' 사장님과 직원 여러분께도 진심으로 고마움을 표합니다.

부족한 면이 많지만 책을 가까이하는 등화가친(燈火可親)의 환경 조성과 이웃들의 삶에 도움이 될 수 있는 징검다리 같은 약 돌이 되었으면 하는 마음입니다. 여러분의 건강과 가정의 화평을 기원합니다.

2025. 07. 18 저자 조세증

| 차 례 |

머리글 | 문학의 힘과 예술적 가치_ 4

1부 거울 속 눈썹 빗는 남자

거울 속 눈썹 빗는 남자_ 13
철마는 달리고 싶다 -어린 딸과의 약속_ 18
어머니의 빈 둥지_ 25
소년이 사랑했던 연상의 여인_ 30
강릉 향현사(鄕賢祠)와 인연(因緣)의 세월_ 36
풍운아 방랑시인「김삿갓 북한 방랑기」_ 42

2부 아버지의 왕국 추억의 돋나물 텃밭

아버지의 왕국 추억의 돋나물 텃밭_ 51
영화 속 춘천 이야기「길소뜸」_ 56
철부지의 짝사랑_ 63
금병산(錦屛山)과 김유정의 문학 혼(魂)_ 69
할머니의 늦깎이 사랑 봄빛 블루스(blues)_ 73
삼총사(三銃士)와 소양강의 인연(因緣)_ 78

3부 월남 처녀에게 새장가 가는 행복한 남자

월남 처녀에게 새장가 가는 행복한 남자_ 87
어머니의 눈물_ 93
머피의 법칙(Murphy's Law)과 출판 기념회_ 99
꿈속에서 계시받은 필명(筆名)_ 103
봉의산의 사라진 권총바위_ 108
세상에 이런 일도-기적 같은 운명(運命)의 만남_ 112

4부 영혼의 외출 유체이탈(幽體離脫)

청원사의 아름다운 결혼식(結婚式)_ 121
영혼의 외출 유체이탈(幽體離脫)_ 127
호투 잠자리의 슬픈 사랑_ 132
보증의 눈물_ 137
보신탕과 복(伏)날의 악연(惡緣)_ 144
잊어버린 세월-춘천역사(春川驛舍)와 공지천_ 150

5부 보릿고개에 빼앗긴 우렁각시와의 인연(因緣)

보릿고개에 빼앗긴 우렁각시와의 인연(因緣)_ 159
세상에서 가장 소중한 물 미감수(米泔水)_ 164
어머니가 아끼시던 아버지의 유품(遺品)_ 171
옛 추억 속 악동(惡童)들의 가지서리_ 175
칠순(七旬)의 세월과 전주(全州)의 만남_ 180
「아이춘(春)」「아이천(川)」인사말 시민 운동 전개_ 185

6부 2018 평창동계올림픽과 체코 소녀와의 만남

박경리 '토지' 작가의 문학정신과 인간 승리_ 191
코로나19와 인류와의 전쟁_ 197
현장에서 코로나와 싸우는 사랑하는 딸에게_ 201
코로나 시대 귀하신 몸 마스크(mask)_ 206
2018 평창 동계올림픽 유치를 기원하면서_ 211
2018 평창동계올림픽과 체코 소녀와의 만남_ 218

7부 인연이 스치고 지나간 자리

인연이 스치고 지나간 자리_ 229

태백산 청원사 용담(龍潭)의 효자 전설_ 235

신(神)들린 남자_ 240

약속(約束) - 정선 덕우리(德雨里)를 찾아서_ 245

소설 「얼지 않는 강」(전편, 후편) 출간 회고록_ 250

소설 「천상의 여인」(상편, 중편, 하편) 출간 회고록_ 257

1부

거울 속 눈썹 빗는 남자

거울 속 눈썹 빗는 남자

사람들은 누구나 나름대로 숨기고 싶은 과거나 사연들을 한 두 가지쯤 가슴에 묻고 살아간다. 나 역시 살아오면서 숨기고 싶은 콤플렉스가 여럿 있었다. 몸에 난 상처의 흔적들이 많고 그중 가장 심한 것이 짝짝이 눈썹 때문이다. 생활하면서 대인관계나 사회적 관계에 있어서 여간 신경이 쓰이는 부분이 아니다.

눈썹의 기능은 다양하다. 우선 이마에서 흘러내리는 땀이나 물이 눈으로 직접 들어가지 않도록 막아준다. 이는 시야를 확보하고, 눈을 자극으로부터 보호하는 중요한 역할을 한다. 그리고 눈썹의 움직임은 감정 표현에 큰 영향을 미친다. 놀라움, 분노, 슬픔 등의 감정은 눈썹의 움직임을 통해 더 잘 전달된다. 끝으로 눈썹은 미적 관점에서도 중요한 역할을 한다. 눈썹의 형태와 두께는 사회적 관계에 있어서 그 사람을 판단할 때 선입견에 우선적으로 크게 작용한다고 한다.

내게 가장 문제가 되는 것이 눈썹이다. 나의 삶과 외모에 지대한 영향을 주기 때문이다. 왼쪽 눈썹은 범의 눈꼬리처럼 치켜 올라가 있고 오른쪽 눈썹은 반달처럼 다소곳이 아래로 쳐져 있다. 양쪽 눈썹의 생김새가 너무 달라 항상 신경을 쓰게 만든다.

어린 시절 고향 집에 살던 때 부근에 공동 우물이 있었고 그 옆으로 엉성하게 철조망이 쳐져 있었다. 그 울타리를 따라 피마자 나무가 무성하게 자라고 있었다. 그때 어린 마음에 피마자 열매가 그렇게 갖고 싶었다. 어른들 모르게 동네 꼬마들과 함께 나무를 오르다 미끄러지면서 배 좌측으로 철조망 가시에 긁혀 깊게패인 자국이 아직도 희미하게 남아 있다.

또 다른 하나는 집 뒤뜰에 작은 배추밭이 있었다. 가을걷이가 끝난 밭에는 배추 뿌리가 그대로 남아 있었다. 또래들과 어울려 배추꼬랑이라도 캐어 먹을 냥으로 칼로 뿌리를 파내 다 왼쪽 엄지손가락을 스치면서 큰 상처를 남겼다. 두 사건 다 칠십여 년 전의 일로 세월이 오래되어 얼씬 봐 서는 눈으로 잘 안 보이지만 먼지 빛에 반사해서 보면 그 상흔이 아직도 흐릿하게 자리하고 있다.

세 번째는 춘천으로 이사를 와서의 일이다. 열 살 무렵 친구들과 머리를 깎고 나오다 자전거와 부딪치는 사고가 있었다. 왼쪽 이마의 상처로 인해 주름살이 접혀 보이기 싫은 흉터로 남은 것이다. 그날의 사고는 내 삶에서 가장 위험했던 순간이었고 생명에 촌극을 다투는 다급했던 상황이었다.

마지막으로 왼쪽 손목 아래에 선명히 보이는 상처 자국이다.

국민(초등)학교 재학시절 반의 급우들과 장난을 치다 연필심이 손목에 박히는 사고가 있었다. 수십 년이 지났건만 세월을 더할수록 푸른색의 상처는 더욱 선명하게 내 손목 안에서 자라고 있었다. 그러다 보니 전부다 상처가 난 쪽이 왼쪽이었다. 아마 내가 오른손잡이 이기 오른쪽은 나도 모르는 사이에 방어기제가 작용된 모양이다.

그중에서 아직도 가장 큰 콤플렉스로 이어지는 부분이 세 번째인 이마 위의 흉터 자국이었다. 상처로 인해 깊게 패인 주름살 때문에 왼쪽 눈썹이 볼꼴 사납게 자꾸 위로 치켜올려 지는 것이다.

그 이후부터는 내게는 밤이고 낮이고 시간만 나면 거울 속을 들여다본다. 심지어는 치켜올려 진 왼쪽 눈썹을 빗어야만 잠을 잘 수 있는 이상한 습관이 생겼다. 잠을 자는 동안 왼쪽 눈썹이 아래쪽으로 곱게 자라주기를 간절히 바라는 마음에서이다.

자전거 사고가 있던 그 당시에는 인도(人道)라는 곳이 따로 없었다. 이발소 문을 열고 나가면 바로 도로였다. 머리를 깎고 막 길을 건너서는데 무언가 내 얼굴을 확 덮쳐 오면서 나는 길가 한쪽으로 뒹굴려 엎으러 졌다. 한참 후 정신을 차리고 보니 얼굴 위로 피가 쏟아져 옷깃을 흥건히 적시고 있었다.

전쟁이 끝나고 얼마 안 되는 시절이라 모든 것이 열악하고 부족하던 때이다. 병원은 시내 중심가에나 몇 군데 있었고 근교에는 찾아볼 수가 없었다. 그때 누군가 운교동 골목길에 접골원이라도 빨리 데리고 가라고 하신다.

그곳은 병원이 아니고 뼈가 접질러 졌다 든지 삐었을 때 고정시켜 교정을 해 주는 곳 이었다. 40대 초반의 남자 원장은 유도 유단자로서 무술로 신체가 단련된 분이었다. 그분께서는 나의 왼쪽 이마에 피로 뒤엉켜 구멍이 뚫린 곳에 거즈 등을 소독해 접어서 피를 멈출 수 있도록 조치 후 머리 상처부위에 붕대로 단단히 감아주었다. 어머니와 함께 열흘 이상을 그곳 접골원을 오고 가면서 이마에 상처를 치료받았다.

그때 병원의 제대로 된 치료를 받지 못해 이마의 상처가 주름살로 굳어 버려 왼쪽 눈썹이 자꾸 위쪽으로 치켜 올라가는 것이다. 아무리 눌러보고 밀어 보지만 아침이 되면 어느새 왼쪽 눈썹이 살아서 거칠게 위로 올려져 있다. 한 얼굴에 위로 치켜진 눈썹과 아래로 처진 눈썹이 같이 자리하고 있다.

그러다 보니 어릴 적 곱고 예쁘장했던 눈썹도 눈매도 어느새 짝짝이 눈이 되어버렸다. 한때는 동네에서 얼굴이 뽀얗고 살결이 희다고 해서 밤벌레라든가 찹쌀떡 피부라며 동네 누나들이 몹시 귀여워해 주었던 얼굴이었다. 그래도 언제가 내 원래대로 돌아오리라는 희망을 갖고 오늘 밤도 거울 속 왼쪽 눈썹에 물을 묻혀 정성껏 빗어 내린다.

지금까지 건강하게 잘 지내왔다. 어쩌면 내 몸속에 그 작은 상처들로 인해 보이지 않는 면역체의 형성이 생겼기에 그간 큰 병치레 없이 잘 지내고 있는 것은 아닌가 하는 엉뚱한 생각도 해본다.

별이 빛나는 깊은 밤이다. 옛 시절로 돌아가 개구쟁이 악동들과 함께 지난날의 추억을 얘기하면서 술이라도 한잔 나누고 싶은 마음이다. 그리고 치켜진 왼쪽 눈썹이 다시 예쁜 눈썹으로 돌아오기를 기대하면서 오늘 밤도 희망을 안고 이불속 꿈길을 조심조심 거닌다.

철마는 달리고 싶다 - 어린 딸과의 약속

　모처럼 문우들과 「역사와 미래의 고장, 통일을 준비하는 철원」 군정 캐치프레이즈(catch phrase)를 따라 철원 쪽으로 문학기행을 다녀왔다. 금년의 문학 세미나 표어는 '책 보다 책이 더 아름답다'로 설정되었다. 따뜻한 초여름의 날씨가 우리 일행을 반기는 듯 바람이 훈훈하면서도 부드럽게 불어온다. 어디서부터 불어오는 바람일까?
　최근 들어 북한의 비핵화 협상이 남·북·미 정상회담을 불러왔고 세 정상의 환한 웃음 속에 조만간 남북 화해의 온기가 전국으로 불어올 것만 같은 분위기이다. 모든 국민들이 한결같이 바라는 통일 조국의 염원이 한발 한발 가까이 다가오고 있는 것만 같았다. 나만이 홀로 느끼는 감정일까?
　동송읍 학마을 센터에서 공식 행사가 끝나고 저녁때에는 주변의 경지정리가 잘된 평야 지역을 둘러보았다. 무논의 푸른 모들은 6월의 햇빛을 마음껏 받으며 건강하게 자라고 있었다.

시원하게 펼쳐진 드넓은 들판을 바라보면서 이 고장 일대의 곡창지대인 철원평야를 잃고 북한의 김일성 주석이 3일간을 통곡했다는 얘기가 거짓이 아닌듯했다.

잘 자라고 있는 벼들을 바라보면 왠지 가슴이 평안해지고 뭔가 모를 행복감이 넘쳐 나는 싱그럽고 여유로운 마음이 든다. 이렇게 화평한 지역이 남과 북의 포탄이 비 오듯 쏟아지던 가장 치열했던 격전지라니 믿어지지 않을 정도였다. 너무나 온화하고 마음이 더할 나위 없이 평온해지는 평화와 감사와 온유의 진정한 삶의 모습을 철원평야의 옥토가 꾸밈없이 보여주고 있었다.

다음날 우리는 철원 관내 주요 관광지와 안보 현장을 두루 돌아보았다. 아직 까지도 전쟁의 상흔이 곳곳에 남아 있는 세계 유일한 분단국의 서글프고 가슴 아린 조국의 현실을 직시할 수 있었다. 지금 이 순간에도 긴장의 끈을 놓지 않고 같은 민족끼리 서로를 감시하고 남과 북이 총부리로 상대를 향해 겨누고 있다는 상황이 너무도 마음 아프게 다가왔다.

백마고지에서는 전적비를 바라보면서 많은 생각과 번민이 짧은 순간 머릿속을 수백 번을 스쳐 지나간다. 중공군의 대공세에 10일간이나 계속된 전투에서 30여 만발의 포탄이 인근에 쏟아졌고 고지의 주인이 24번이나 바뀌었다니 얼마나 치열한 전투였는지 가늠이 안 갈 정도이다.

격렬했던 포격과 전투 끝에 고지의 본모습을 잃고 마치 하얀 백마가 옆으로 누워있는 형상이 되어 백마고지로 불리게 되었다는 내용과, 이 고지를 사수하기 위해 용감하게 싸우다 산화된 국군 제9사단 장병들의 넋을 추모하기 위해 전적비가 건립되었다는 취지를 읽을 수가 있었다.

아직도 끝나지 않은 민족 분단의 포성과 총성이 지금도 하늘 속에 흩어져 아련히 들려오는 것만 같았다. 조국을 지키기 위해 포연 속에 사라져간 장병들의 영령 앞에 잠시나마 고개 숙여 그들의 평안한 영면을 마음속으로 기원해 본다.

다음은 유서 깊은 한탄강과 한때 임꺽정이 대적단을 만들어 본거지로 삼아 의적 활동을 했다는 강가의 고석정을 둘러보았다. 높은 절벽 아래로는 지난 시절 힘없고 억압받던 민중의 소리 없는 아우성이 들려오고, 위로는 천둥같이 포효하는 임꺽정의 분노에 찬 절규가 바람에 실려 온다. 마치 타임머신(Time Machine)을 타고 흘러간 역사의 한 꼭지점에 걸터앉아 어지럽던 난세의 시대적 참상과 고통을 함께 바라보고 있는 것만 같았다. 조선조 명종 시대 도탄에 빠진 백성들이 초근목피로 연명하던 때 혜성처럼 나타난 개혁의 풍운아 임꺽정, 그는 조정의 무능과 관리들의 부패에 맞서 용감히 싸우다 아침 이슬처럼 사라진 시대의 반항아였다. 민초들의 어려움을 대변했던 의적, 그가 걱정하고 가슴 아파했던 서민들의 삶, 보다 만민이 평등한 이상향의 건설을 위해 개혁의 기치를 높이 들었던 그의 꿈은 지금쯤 어디까지 흘러가고 있을까?

귓가를 스치는 바람 속에 임꺽정의 못다 이룬 한(恨)이 은빛 물결 따라 쉼임없이 흘러가고 있었다. 비록 이루지 못한 꿈이었으나 그가 남긴 역사의 큰 발자취는 민중의 횃불로 남아 시대를 초월해 지금도 타오르고 있다. 임꺽정이 숨어 지내며 큰 꿈을 키워 왔다는 바위 속 동굴에서는 세상과 타협 할 줄 모르는 우직한 사나이의 거친 숨결이 아직도 서슬 푸른 날을 세운 채 찬바람을 일으키고 있었다.

이어서 월정리역을 들어 섯을때 허리 잘린 조국 분단의 현장을 직접 눈으로 목격하면서 민족의 한 맺힌 고통이 처절히 가슴에 와닿는 아픔을 느껴야 했다.「철마는 달리고 싶다」그 팻말이 눈에 들어오면서 가슴이 철렁하고 내려앉는다. 뭔가 보이지 않는 서러움이 갑자기 온몸을 강타하면서 빠르게 지나가고 있었다.

수십여 년 전 막내딸 아이가 국민(초등)학교 저학년 시절 때 이곳 월정리역을 함께 다녀간 적이 있었다. 너희 시대는 분명 통일 조국의 새로운 세상을 살아가게 될 것이라고... 그것이 아빠 세대의 책임이고 의무라고 어린것과 무언의 약속을 했었다. '분단'이라는 두 글자를 우리 세대가 너희 세대로 물려주어서는 절대 안 될 민족상잔의 유산이었기 때문이었다.

좀 더 부강한 나라, 좀 더 행복한 나라, 통일된 조국을 너희 세대에는 꼭 물려주어야 한다던 그 약속이 한낮 허공을 떠도는 빈 메아리가 되고 말았다. 어린 딸과의 그 약속이 어느새 강산이 세 번이나 변하였건만 아직도 통일의 길은 멀고 녹슬은 철마는 일어나 달릴 줄을 모른다.

세월 속에 철마의 가슴은 더욱 붉은 피로 물 들여지고 몸 신은 녹물에 젖어 점점 삭아만 가고 있었다. 애처로운 모습을 지켜볼 수밖에 없는 현실이 너무 안타깝고 가슴 아프기만 하였다. 기약 없는 세월. 얼마나 더 많은 시간을 필요로 하나?

어린아이의 눈에 비쳐 진 기차의 잔해가 마음에 안 됐던 모양이다. 왜 저 기차는 저렇게 녹슬고 가만히 서 있느냐는 어린것의 물음에 아빠로서 할 말을 잊었었다. 어린 딸의 그 해맑던 모습과 북녘을 달리고 싶어 애를 쓰던 철마의 안쓰러운 모습이 교차 되면서 마음은 끝없는 슬픔으로 빠져든다.

현장을 바라보면서 이산가족의 슬픔이 되살아난다. 사람이 살아가면서 사랑하는 사람에 대한 그리움은 인간의 가장 원초적인 감정이라고 한다. 수십 년 전 남북 이산가족 상봉석에서 남쪽의 정귀업 할머니가 북쪽의 남편에게 「지금도 못 만났으면 넋 새가 되어 울고 다닐 것」(2002.05.03. 경향신문)이라고 말해 주변의 모든 이들의 심금을 울렸다고 한다.

인생의 황혼 녘에 접어든 할머니의 그 피 맺힌 한마디가 아직도 내 마음속에 깊이 새겨져 잊혀 지지 않는 슬픔의 화신으로 남아 있다. 결혼한 지 5년 만에 전쟁이 터져 생이별 한뒤 무려 52년 만에 만났으니 그간의 심경이야 어찌 말로 표현할 수 있었겠는가? 누가 이 민족의 눈물을 닦아 줄 것인가? 누가 이산가족들의 고통과 아픔을 보듬어 줄 것인가?

우리는 가슴속에 남아 있던 통일의 간절한 염원을 끊어진 철로 위에 눈물 어린 한(恨)으로 남겨놓고 녹 슬은 철마를 뒤로 한 채 다시 발걸음을 옮겼다. 「철마야! 통일의 그날이 올 때까지 핏발 서린 아픔이 가슴을 찌르고 숨통을 조여와도 이제는 더 이상

녹슬지 말고, 희망의 끈을 놓지 말자. 그리고 우리 막내딸과 가슴속에 약속했던 통일 조국의 참모습이 하루빨리 다가올 수 있도록 모두 같이 한마음 한뜻으로 빌고 또 빌어보자」 또다시 눈시울이 붉어지면서 돌아서는 마음이 한없이 무겁기만 하였다.

이어 노동당사와 시계탑 쪽을 돌아보았다. 반쯤 허물어진 뼈대만 앙상한 노동당사가 우리 일행을 맞는다. 숱한 반공 인사들이 숨을 거두고 만신창이가 되어 나갔던 피로 물든 악명 높은 노동당사, 지금은 조용한 숲속에 산새들만이 날아들고, 따사로운 햇빛이 머물고 바람만이 쉬었다 가는, 역사 속 한 시대의 슬픔을 간직한 채 건물의 일부분만을 광풍(狂風)의 흔적으로 남겨놓고 있었다.

부서진 벽체의 휘어진 사각의 창문마다 깨어진 유리창 안으로는 맑고 파란 하늘이 가득 담겨 져 있었다. 이제 다시는 이 땅에서 불행한 일이 없도록 언약의 징표로 하늘이 파란 창공을 보여주고 있는 것만 같았다.

노동당사 옆으로 새로 거립된 통일의 시계탑을 보면서 하루빨리 시계의 바늘 소리가 멈춰 주기를 마음속으로 간절히 빌었다. 시계탑의 초침 소리가 멈추는 순간 조국의 평화통일이 이루어지고 그날은 우리 민족의 위대한 역사의 한 획을 긋는 새로운 날로 기록될 것이다. 우리는 이외에도 여러 곳의 안보 현장을 둘러보았다.

요즘 들어 철원군 등 접경지역의 발전을 위한 정부의 각종 개발소식 등을 매스컴을 통해 접할 수 있었다. 한반도를 도보로 횡단하는 「DMZ 평화의길 동서 횡단 구역 조성계획」에 따라 철원군 지역도 백마고지 전적비에서 DMZ 남측 철책선 능을 따라 화살머리 고지 비상주 감시초소(GP)까지 이어지는 투어코스를 최근에 개방, 운영하고 있다고 한다.

특히 철원군 관계자는 DMZ 내 비상주 GP가 민간에 개방되는 것은 남북분단 이후 처음 있는 일이라 철원 구간의 개방은 전 국민의 많은 관심이 쏠리고 있다며 "철원군에 오셔서 비무장지대의 아름다운 자연을 만끽하고 평화의 의미를 되짚어 보는 뜻깊은 시간을 보내 시기 바랍니다" 당부의 말을 잊지 않는다. 이 모든 것이 순조롭게 이루어져 철원군민과 접경지역 주민들의 행복한 생활 여건 조성과 조국의 통일이 하루빨리 다가오는 기회가 되었으면 하는 바람이다.

우리는 이틀간의 문학기행을 통해 철원군 관내 주요 관광지와 안보 현장을 둘러보면서 많은 것을 보고 배웠으며 특히 안보의 중요성과 평화의 소중함을 새롭게 깨우치는 의미 있는 시간의 좋은 기회가 되었다. 본 행사에 많은 지원을 하여주신 철원군청 관계관과 철원군 문학단체 임직원 여러분께 깊은 감사를 드린다. 끝으로 자유민주주의 수호를 위해 공산주의 집단과 싸우다 말없이 사라져 간 호국영령 앞에 명복과 영면을 다시 한번 빌어본다.

아울러 통일을 준비하고, 통일의 중심에 서 있는 철원군민의 안녕과 철원군정의 무궁한 발전을 기원합니다.

어머니의 빈 둥지

 어느덧 어머니가 자식들 곁을 떠나신 지 20여 년의 세월이 훨씬 지났다. 바람보다 더 빠른 것이 시간의 흐름인 모양이다. 어머니는 나에게 큰 나무였고 아늑하고 든든한 둥지였다. 더울 때는 그늘을 지워 주시고 추울 때는 넓은 줄기로 찬 바람을 막아 주던 거목이었고, 항상 포근하고 따뜻하게 감싸주던 삶의 둥지였다.
 세상에서 가장 강인하고 못 하는 것이 없는 분이 나의 어머니인 줄 알고 어린 시절을 보냈다. 그 당시 어머니는 나에게 있어서는 절대적인 존재이셨고 나의 모든 것의 원천 이셨다. 생각하는 자체도 하루하루를 살아가는 생활도 모두가 어머니의 크신 그늘 속이었다.
 지금도 어린 시절 어머니의 치맛자락에 매달려 한순간도 떨어지지 않으려고 칭얼대며 따라다니던 생각이 어렴풋이 기억된다. 그 당시는 어머니의 젊은 시절이었으리라. 내가 국민(초등)

학교를 입학하기 전의 일이었다.

　어느 날 꼼짝 말고 집에 있으라는 엄마의 말에 나는 너무 무섭고 두렵고 겁이 났다. 엄마가 방문을 나서면 울면서 또 따라가기를 반복하다가 엄마와의 다짐을 철석같이 하고 함께 길을 나섰다.

　「사람들 앞에서 절대 칭얼대지 말 것」과 「소쿠리 속 꽈배기를 먹겠다고 떼쓰지 않을 것」을 약속하고 엄마의 치마끈에 매달려 시내 외곽 쪽 무심천(청주) 변 어딘가 넓게 펼쳐진 둔치 부근을 졸래졸래 쫓아다녔다.

　높다랗게 통나무를 얼기설기 엮어 여러 가지 색깔의 천막을 휘둘러 쳐 놓은 곳이었다. 많은 사람들어 웅성웅성 대고 주변에서는 둥그런 스피커를 통해 갖가지 소음들이 시끄럽게 쏟아져 나오고 있었다. 아마도 생활이 곤궁하다 보니 어머니께서는 떡집에서 찹쌀떡과 꽈배기를 떼어다가 서커스 공연장 주변을 돌아다니면서 행상을 하셨던 모양이다.

　얼마나 많이 걸었는지 가늠도 안 되는 상황에서 어머니의 소쿠리 속 찹쌀떡과 꽈배기들은 점점 줄어들었다. 어린 마음에 하나하나 팔려나가는 떡이나 꽈배기 숫자에 가슴은 조바심으로 타들어 갔다. 저러다 다 없어지면 어떡하나. 다리 아픈 것도 잊어버리고 온통 신경은 그쪽으로만 쏠렸다.

　옆에서 지켜보는 자식의 속마음을 아셨는지 어머니는 마지막 남은 꽈배기 하나를 내 손안에 쥐 켜 주셨다. 그때의 마음속 기쁨과 입안의 달콤함이란 이루 형언할 수가 없었다. 혹시나 먹다

체 할 까 옆에 계신 할머니한테 가서 물 한 종지도 얻어다 먹여주었다. 옛 시절 그 맛이 아직도 내 몸 어딘가에 숨어있는지 지금도 꽈배기 집 앞을 지나다 보면 가끔 혼자 들리거나 손녀딸과 같이 가서 맛있게 사 먹기도 한다.

좀 있다가 어머니가 내 손을 붙들고 급히 천막 안으로 들어가셨다. 그 안에서는 밧줄을 높이 걸어놓고 쥘부채를 폈다 접다 하면서 초립동 모습의 어른이 줄 타기를 하고있었다. 순간순간 헛발을 딛는 시늉에 가슴이 철렁 내려앉아 기겁을 한 채 엄마의 치맛자락 안으로 숨어들기도 했었다.

또 어느 날은 어머니를 따라 장날 거리의 약장사 구경을 갔었다. 처음 보는 동물들과 풍경들의 그림이 즐비하게 늘어져 있었고 그 많은 그림 중에 가슴이 섬뜩했던 무시무시한 그림 한 점이 바로 내 옆에 자리하고 있었다.

흰소복을 한 채 머리는 산발을 한 채 눈을 감고 있는 여인이 옛날 죄인들 목에 채우던 묵직한 나무칼을 쓰고 고통스럽게 앉아 있었다. 그녀의 목둘레를 칭칭 감싸고 있는 어마어마한 크기의 먹구렁이가 입을 쫙 벌린 채 혓바닥을 날름거리며 금시라도 여인을 잡아 삼킬 것만 같았다.

어머니는 그림 속에 고통받고 있는 여인을 가리키며 「나쁜 짓을 하고 살면 이다음 하늘나라에 올라가서 저렇게 벌을 받는단다」 하시던 말씀이 아직도 또렷하게 들려온다.

또 하나의 회억(回憶)은 「남자는 크면 장가를 가서 색시와 따로 살아야 한다」는 어머니의 말씀이 어린 가슴에 상처가 되어 며칠 밤을 남모르게 눈물을 훔치곤 했었다. 어머니 곁을 떠난다는 것은 도저히 생각할 수가 없었고, 떠나서는 도저히 살아갈 수가 없었다. 너무 서러워 밤이 되면 이불을 머리까지 뒤집어쓰고 남모르게 소리죽여 얼마나 흐느끼며 슬피 울었는지 모른다.

그러던 어머니의 모습, 그런 유년 시절 어머니의 상(像)은 세월이 흐르고 자식들이 성장하면서 세월 속에 묻혀서 잊혀 저 갔고 희석되어 엷어져만 갔다. 아늑하고 따뜻했던 어머니의 품속을 빠져나온 또 하나의 개체들은 생활 속에 또 다른 자신의 생활을 찾아 뻐꾸기 둥지를 떠나듯 훌쩍훌쩍 다 떠나버렸다.

어린 시절 곱고 거목처럼 내 마음에 자리하고 있던 어머니의 모습은 이제 앙상한 뼈와 주름지어 얹혀 있는 얇은 살갗의 노약(老弱)함뿐이셨다. 지난날의 모든 것을 다 되돌려 내려놓으신 듯 젊은 시절의 아름다움과 활력이 넘치고 건강했던 모습은 어디에서도 찾아볼 수가 없었다.

태어날 때 빈손 그대로, 그간 갖고 있던 모든 것을 다 내려놓으시고 손 등위로 거미줄 같은 파란 핏줄만이 꺼져 가는 생명의 숨줄을 힘겹게 지켜 주고 있었다. 손끝 하나 들어 올리는 것, 눈썹 하나 움직이는 것조차 몹시 힘들어 보였다.

주름진 눈가로 자식들을 바라보는 모습이 그날따라 자상하시고 고요하기 이를 데 없으셨다. 어머니는 그렇게 자식들 곁을 바람에 촛불이 수그러들 듯 조용히 떠나셨고 애써 지키시던 빈 둥지에는 어둠 속에 갇힌 적막함만이 쓸쓸히 남아 있을 뿐이었다.

홀로 외롭게 빈자리를 지키시며 늘 시선 없이 대하시던, 말이 없던 허전한 벽. 그 벽 어딘가에 짙게 배어 있을 어머니 내리사랑의 흔적을 찾아본다. 손때 묻은 이 작은 공간에서 당신께서는 얼마나 많은 정과 삶의 아픔들을 새겨 놓으셨을까? 벽체 곳곳에 배어 있는 어머님의 한숨과 회한이 눈물이 되어 벽지의 마디마디 무늬를 타고 흘러내리는 것만 같다.

삼우제(三虞祭) 전날 밤 자식의 꿈에 나타나신 당신의 모습이 지금도 눈에 선하다. 당신의 영혼이 잠든 곳 지암리 산천의 고요한 안식처 깊은 골을 따라 산바람이 불어온다. 온화한 미소를 지으시며 맑고 푸른 가을 하늘을 구름처럼 날아(지암리-춘천) 산등성을 넘어 동녘을 향해 떠나가시던 마지막 모습… 당신이 주고 가신 귀중한 생명의 뿌리와 숭고했던 삶의 뜻을 이제는 당신의 손주들에게 이야기하려 합니다. 할머니의 크신 사랑과 희생이 있었기에 너희들이 세상의 빛을 보고 있노라고…

당신의 큰 사랑과 끝없는 희생을 자식들은 기억합니다. 그리고 영원히 잊지 않을 것입니다. 어머니의 명복(冥福)과 영면(永眠)을 눈물로 기원합니다.

소년이 사랑했던 연상의 여인

　세월이 많이 변했다. 유선 전화기 앞에서 주고받던 대화가 호출기(삐삐)라는 새로운 통신 기술을 불러와 생활을 변화시키더니 이제는 아주 들고 다니는 전화기가 생겨서 더욱 편리한 통신의 혜택을 누리면서 살아간다.
　비록 몸은 멀리 떨어져 있어도 세계 곳곳에서 수시로 서로 간의 목소리를 들어가면서 지구촌의 생활을 영위할 수 있게 되었다. 요즘은 그것도 모자라 영상통화를 통해 얼굴의 모습까지 서로 보여 가며 바로 옆에 사람과 이야기하듯 문명의 이기를 편리하게 이용하면서 삶을 즐기고 있다.
　휴대전화기가 보급되면서 어느 땐가부터 길거리에는 이상한 사람들이 걸어 다니기 시작했다. 멀쩡하게 차려입은 신사복차림의 젊은 남자들, 말쑥하게 차려입은 참신하게 생긴 여성들이 길을 걷다 말고 갑자기 웃거나 소리를 질러 주변 사람들의 시선을 불러 모은다. 그리고 아무 일도 없었다는 듯 뭔가 혼자 중얼

거리며 다시 거리를 걷는다.

  예전 우리 국민(초등)학교 저학년 시절 때만 해도 혼자서 길을 걸으며 중얼거리거나 말을 입 밖으로 내뱉으면 실성한 사람이라고 손 가락질 했었다. 실지로 그 당시는 가끔 온정신이 아닌 사람들이 거리를 활보하면서 혼자서 중얼거리다 때로는 고함을 쳐 대기도 하여 주변 사람들이 화들짝 놀라기도 하였었다.

  참으로 꿈같은 옛날이야기다. 뒤돌아보면 아득하고 까마득한 세월의 뒤안길에 바람처럼 스쳐 간 어린 시절이었다. 효자동 군경리부대 올라가는 삼거리 부근에 살 때의 일이다. 그 당시는 먹고 살기도 힘든 때라서 일부 부유한 가정을 제외하고는 모든 사람들의 옷차림새도 변변치 못한 그런 시절이었다.

  어렵던 세월이다 보니 사내아이들은 까까머리에 늘 엽전 모양의 동그랗게 쥐 파먹은 듯 부스럼이 생기는 「기계총」이라는 것을 얹고 다녔고 여자아이들은 단발머리 깊숙이에 「머릿니」를 항상 묻고 살았었다.

  도로는 시내 로터리 부근 쪽이나 조금 포장되어 있을 정도였다. 대부분의 도로가 비포장도로로서 차량이라도 한 대 지나가면 뒤따라 먼지구름을 수십 미터를 일구어 놓는다. 그러면 동네 아이들은 차량 뒤꽁무니에서 나오는 연기 냄새를 맡으며 먼지를 흠뻑 뒤집어쓴 채 쫓아다녔다.

  당시만 해도 배앓이를 하던 아이들이 많았었다. 차량에서 연소되어 배출되는 휘발유 냄새를 맡으면 배앓이를 그친다하여 어이없게도 매연을 자청해서 마시고 다녔던 어두웠던 시절이었다.

그때 어느 날 가수나 영화배우보다 더 화려한 옷차림을 한 20대 중반의 인물이 훤한 젊은 새댁이 반짝반짝거리는 지갑을 옆구리에 낀 채 동네에 나타났다. 내가 살아오면서 처음 대하는 가슴이 철렁 내려앉는 미모의 멋쟁이 여인이었다. 그녀는 나에게도 친절히 대해 주었다. 한참을 걸어가다 뒤 돌아 보고 미소도 보내고 핸드백에서 1원짜리 돈도 꺼내 주곤 하였다.

그때 그녀는 그렇게 아름답고 하늘에서 내려온 선녀 같은 모습이었다. 내 생에 난생처음으로 어린 나이에 그 여인한테서 사랑이라는 감정을 느끼었다. 근 60여 년의 세월이 지났건만 그녀의 모습을 그려 보라면 지금도 그려 낼 수 있을 정도로 여인의 고운 자태는 어느새 어린 소년의 작은 가슴에 짙은 그리움과 연정(戀情)으로 깊게 자리하고 있었다.

그녀는 옅은 보라색과 녹색이 어우러진 금박 조끼 상의에 아래로는 신발까지 덮는 진홍색 긴 비로드(velvet) 치마를 입고 있었다. 당시 서민들의 입장에서는 생각도 못 할 옷차림새였다. 분 바른 하얀 얼굴에 몸매도 늘씬하고 키도 후리후리한 데다 머리도 귀부인처럼 높이고 이곳저곳에 예쁘고 귀여운 액세서리를 꽂고 있었다.

틀림없는 부잣집 맏며느리이었고 어느 지체 높은 대갓집 외동딸 같은 모습이었다. 나는 그 여인이 보고 싶어 다음날 학교 수업을 어떻게 받았는지 숙제는 해갔었는지 지금도 기억을 못 할 정도였다. 내 작은 새가슴에는 첫사랑의 느낌으로 그 여인의 미소 띤 고운 얼굴만이 어느새 가득 차 있었다.

이튿날 방과 후 동네 사람들이 모여 수군대기 시작했다. 정신이 나간 여자라고... 그녀의 행동이 가끔 예사롭지 않았다. 어제만 해도 가게에 들려 물건을 사고 값을 치르고 하던 여자였다.

오늘은 곱게 차려입은 비로드 치마를 아무 곳에서나 홀떡 걷어 올리고 주저앉아 "쉬"를 하고 혼자서 무언가 중얼중얼 대다가는 언제 그랬냐는 듯이 지나가는 행인들을 보고 싱긋이 웃곤 한다.

사흘째가 되어도 그 여인이 우리 동네를 떠나지 않고 이곳저곳을 배회하며 이상한 혼자 말에 가끔 가다가는 허공에 주먹을 휘둘러 대곤 하여댄다. 나를 비롯하여 동네 아이들이 하나둘 그 여인의 뒤를 쫓아다니며 그녀의 행동을 따라 한다. 어딘가를 향해 소리를 지르면 같이 소리를 질렀고 뛰면 같이 뛰고 하다 보니 겉으로 보면 꼬마들을 거느리고 다니는 골목대장의 모습 같기도 했다.

그녀가 가끔가다 핸드백을 허공 속에 휙 날리면 지갑 속의 돈들이 비를 뿌리듯 우전(雨錢)이 되어 길바닥에 낙엽처럼 떨어져 내렸다. 아이들은 그것을 주워서 엿도 사 먹고 왕사탕을 사 먹는 재미로 그녀의 뒤를 더욱 열심히 따라다녔다. 그런 광경을 지켜보고 있던 대부분의 어른 들은 돈을 주워 그것을 그녀의 지갑 속에 다시 챙겨 주곤 했었다.

나흘째가 되면서 그 여인이 입고 있던 화려한 의복도 흙이 묻어 지저분해지고 곱던 얼굴의 화장기도 사라지기 시작하면서 머리는 빗질 않아 더부룩하게 변해가고 있었다. 얼굴은 며칠째

세수를 안 해 검게 때가 끼었고... 그날에는 그녀가 지니고 다니던 핸드백도 없어져 버렸다.

지금 같아서는 주민자치센터나 파출소에 신고 되어 일정한 보호조치가 취해졌으련만 그 당시의 사회적 공적 보호 시스템은 그렇지를 못했다. 가난은 모든 개인의 책임이었고 거리를 헤매다 죽으면 그 역시 개인의 책임이었다. 그만큼 우리 사회의 복지시설이라는 것이 전혀 되어있지를 않았다.

닷새째 날에는 그 여인의 화사했던 상의와 비로드 치맛자락이 없어지고 흰 내의와 하얀 속치마만 둘둘 말아 입고 이곳저곳 길가를 배회하고 있었다. 방과 후 주어진 학교 숙제도 잊어버리고 그녀와 함께 동네를 같이 배회하다 심지어는 걸어 한 시간 거리가 넘는 죽림동 천주교회 본당 밑 공터까지 따라다녔다.

지난 일이지만 나나 아이들이 왜 그렇게 매몰차고 인정머리가 없었는지 모르겠다. 처음에 사랑했던 수줍음과 그리움, 연모의 정은 없어지고 그녀를 따라다니며 그녀를 괴롭히던 아이들중 한 사람이 되어가고 있었다.

그렇게 그녀를 따라다니던 중 갑자기 그녀가 속치마를 허리까지 훌떡 걷어 올리고 눈빛 같은 하얀 남산 만 한 엉덩이를 치켜든 채 길거리에서 부끄러움을 모르고 "쉬"를 하는 장면을 목격하였다. 그녀를 뒤따르던 꼬마들이 모두 깜짝 놀랐다. 그녀의 엉덩이 밑으로는 어린아이 머리 만 한 공같이 생긴 둥근 것이 힘들게 매달려 있었다. 그사이에 그녀는 동네에서 「미친년」이라는 이름으로 불리어지고 있었다.

처음 동네에 나타났을 때의 귀부인 같던 화려한 모습, 천사 같던 온화하고 다정한 모습은 온데간데없고 헝클어진 머리에 꾀죄죄한 속치마, 풀어헤친 앞가슴, 맨발로 거리를 배회하는 비렁뱅이 모습이 되고 말았다. 나는 그때부터 그 여인을 사랑했던 마음이 점점 사라지면서 결국은 가여운 여인에게 등을 돌리게 되었고 첫사랑의 배신자가 되고 말았다.

엿새째 되는 날 방과 후에 그녀가 보이지를 않았다. 동네 사람들이 하는 얘기로는 아기를 출산하고 나서 갑자기 정신착란 증세를 일으켜 집을 뛰쳐나왔다고 한다. 서울의 가족들이 그녀를 찾아 전국 방방곡곡을 헤맸고 결국에는 춘천에서 그녀를 만나 오늘 낮에 바로 집으로 데리고 갔다고 했다.

갑자기 떠나버린 사랑에 대한 그리움이 가슴을 훑고 지나가면서 죄스러운 마음과 함께 그 여인의 미소 띤 얼굴과 화려했던 모습이 뒤늦게 아련히 떠오른다.

지금 같아서는 상상 속에서나 있을 법한 사건일 뿐이다. 이제 나이 들어 생각하니 그 여인은 어른들이 말씀하시던 자궁탈장 증세를 앓고 있었던 모양이었다.

한때는 그리움으로 밤을 새운 첫 순정의 여인이었고 짧게나마 내가 마음으로 진정 사랑했던 연상의 여인이었다. 그때 좀 더 따뜻한 마음으로 다가서지 못하고 사랑의 배신자가 된 것이 두고두고 삶의 후회로 남는다. 지금 생존해 계신다면 아마 여든 줄 중반에 머무르고 있을 것이다. 늦게나마 그 여인의 건강과 행복을 기원해 본다.

강릉 향현사(鄕賢祠)와 인연(因緣)의 세월

　어느 날 우연히 지나간 앨범을 뒤적이다가 빛바랜 사진 한 장을 다시 만났다. 처음에는 천년을 두고 볼 것처럼 정성을 다해 앨범 속에 모셔 놓았지만 세월이 지나고 바쁜 생활 속에 이사 몇 번 치르고 나니 어느 구석에 앨범이 있는지도 모르고 살아왔다. 누구 말마따나 개념 없이 세월에 떠밀려 바쁘게 생활하고 있었다.
　세월이 덧칠해진 앨범은 겉표지가 퇴색되어 있었고 갈피 속에 숨어있던 사진들도 누렇게 변색 되어있었다. 사진 속에는 이제 겨우 스무 살 된 앳된 청년이 모래 백사장 위에서 맑고 밝은 표정으로 푸른 바다를 바라보며 환한 미소를 짓는다. 뜨거운 해변의 바닷바람이 머릿결을 스치고 지나간다.
　그 청년의 뒤로는 넘실거리는 파도가 하얗게 밀려들고 있었다. 그때 불어오던 그 해풍과 밀려오던 그 파도는 지금은 어디쯤 가고 있을까? 그 당시 만해도 꿈도 많았고 하고 싶은 일도 참으로 많았었다.

50여 년 전 진부면사무소에서 근무하며 생전 처음으로 경포 해수욕장으로 피서갔던 지난 시절 나 자신의 모습이었다. 그때는 기차를 타고 가다 강릉 경포 해변 가에 바로 내렸었다. 확실치 않은 기억이지만 경포 해변에도 작은 역이 있었던 것으로 기억이 된다.

나는 공무원 초임 발령을 평창군 진부면사무소로 받았다. 내가 일하는 재무계의 이ㅇ식 차석님은 고향이 강릉 분으로 처음 맺은 인연 속에 일 년 넘게 같이 근무하게 되었다. 그 후 차석님이 먼저 고향 찾아 대관령을 넘어 강릉으로 가시고 나도 몇 년 후에 춘천으로 전근발령을 받았다.

십여 년이 지나 강원 도청에서 다시 그 선배님을 만나게 되었다. 사회를 일찍 알면 그만큼 먼저 타락된다고 나는 어려서부터 술을 좋아하고 담배를 피웠다.

하루는 그 선배가 "이 바쁜 세상에 왜 조주사는 술과 담배 두 가지를 다 하느냐"고 충고를 하신다. 술이냐 담배냐 하나만을 선택하라는 은연 중의 압박에 담배를 끊겠다고 말씀드렸다.

그렇지만 수년간 벌써 인이 배도록 피워오던 것을 일시에 끊는다는 것은 생각보다 쉽지를 않았다. 처음에는 금단현상도 오고 온몸이 뭔가 기(氣)가 다 빠져나간 듯한 허전함으로 빈손이 책상 앞을 할 일 없이 수시로 오가며 헛손질을 해댔다.

누군가 옆에서 담배를 피워 연기를 날리면 그렇게 구수하게 내 코끝을 자극할 수 없었다. 때로는 꿈속에서조차 헛소리까지 하며 담배를 찾곤 했었다. 갖은 고생 끝에 3여 년의 세월이 흘러

가면서 완전히 니코틴 중독에서 해방될 수 있었다.

그 금연의 기간은 한마디로 생지옥이었다. 처음 금연을 시도할 시는 하루에도 담배 한두 갑을 그냥 내다 버리곤 했다. 단 한 번만, 단 한 가치만의 유혹을 참아내지 못하고 다시 담배를 사서 한두 대를 피워 물곤 하였다. 그러다가도 선배님과의 약속을 차마 저버릴 수가 없어 그냥 담배곽 채로 휴지통에 쑤셔 박기를 수십 번 반복하면서 갖은 고생 끝에 어렵게 금연에 성공을 하게 되었다.

한때는 그 선배님이 계장으로 나는 차석의 위치에서 한계에서 같이 근무 하기도 했었다. 그 후 세월이 흘러 선배님은 다시 자리를 옮기고 나 역시 한 살이라도 젊었을 때 새로운 길을 모색하기 위해 30여 년이 넘게 근무했던 도청문을 떠나야 했다. 인연이란 참으로 알 수 없는 것이었다. 수십 년간 소식이 단절된 채 지내던 중 우연한 기회에 백교 효문화 선양회에서 주관하는 「사친 문학」에 기고를 한 적이 있었다.

집으로 배송된 기고문 책자를 받아 읽어 가던 중 글 한 편이 눈에 번쩍 뜨인다. 우선 작은 반명함판 사진 아래 표기된 이름을 보니 그간 헤어져서 소식을 모르고 지내던 그 선배의 존함이 분명하였다. 혹시나 동명이인은 아닌가 하여 흑백 사진을 자세히 들여다보니 틀림없는 그 선배님이었고 그간에 약간 야윈 모습을 보여주고 있었다. 선배께서도 이 문학지에 기고를 하셨던 것이다.

참으로 감회가 깊었다. 그간의 소식을 몰라 궁금해 오던 중이었기에 문학사를 통해 연락처를 받아 반갑게 통화를 하였다. 선배님께서는 비록 공직은 떠나셨어도 고향에 내려가 원로로서 지역발전에 여러 가지 일을 맡고 계셨다. 지금현재도 왕성한 열정으로 「강릉 향현사」 보존회장직을 맡아 수고를 아끼지 않고 계셨다.

원래 강릉이 효의 고장임을 진즉에 알고 있었지만 나는 그 기고문을 통해 선배님의 깊은 효심과 강릉이 효의 본고장임을 다시 한번 확인 할 수 있었다.

불가에서도 옷깃만 스쳐도 인연이라 하였다. 하물며 평창 진부를 시작으로 해서 강원 도청을 거쳐 효의 고장 강릉에서 발행되는 「사친 문학」을 통해 인연의 끈이 수십 년간 이어지고 있으니 선배님과 나의 만남이 보통의 인연은 아니었던 모양이다.

향현사는 강릉지방의 인물 가운데 이 지방민들의 존경을 받고 있는 분들 12 향현을 모시는 사당이다. 선배님의 애향심과 효심 어린 삶을 귀감으로 삼고 그 뜻을 영원히 기리고 싶은 마음에서 강원수필 지면을 빌어 기고문 일부를 실어본다.

"강릉의 대표적 정신문화의 중심인 강릉 향현사(鄕賢祠)*는 1645년에 설립되었는데, 이때 우리 사회는 임진왜란과 병자호란을 겪으면서 피폐해진 민심을 수습하고 쇠약해진 문풍(文風)을 진작시키기 위해 지방 사람들로부터 추앙을 받았던 인물을

* 향현사(鄕賢祠): 강원도 유형 문화재 제8호로 강릉시 율곡로 2920-16 (교동) 소재하며 강릉지방의 인물 가운데 이 지방민들의 존경을 받고 있는 분들 12 향현을 모신 사당이다.(최치운(崔致雲), 최응현(崔應賢), 박수량(朴遂良), 박공달(朴公達), 최수성(崔壽峸), 최운우(崔雲遇), 최수(崔洙), 이성무(李成茂), 김윤신(金潤身), 박억추(朴億秋), 김열(金說), 김담(金譚)

선정해서 배향(配享)하였는데, 모두 12 향현(鄕賢)으로 대부분 학문과 덕행이 높고 효심이 강할 뿐 아니라 효자정려(孝子旌閭) 까지 받은 분이 여러분 계십니다.

그런데 향현사 건립을 처음 대표 발의한 이상혐(12鄕賢 중 訥齊공 후손)은 병자호란 때 인조 임금을 남한산성으로 호종(扈從)할 당시 워낙 충성심이 강하여 왕은 '충신을 찾으려면 효자 가문에서 찾아라.'는 유명한 일화도 남겼다고 합니다.

그리고 우리 사회의 신분제도가 엄격했던 조선시대엔 효(孝)를 최고의 정치적 이념으로 삼아 효자(孝子) 한 분을 정승(政丞) 세분과도 바꾸지 않는다는 말도 있었습니다. 이와 같이 효가 사회의 근간이 되고 정신적 지주가 된 것은 분명한 사실입니다. 그 효 사상에 대하여는 어느 집안이거나 신분의 귀천을 불문하고 누구나 어릴 때부터 넘치게 교육을 받았을 것입니다.

그런데 이를 몸소 실천하고 베푸는 데는 그리 흔치 않았습니다. 나를 포함하여 누구든 효를 못하는 여러 가지 이유와 구실이 있을지는 모르지만 불효에 대한 변명은 처음부터 존재할 수가 없을 것입니다."*

선배님의 글을 읽어 가면서 효의 개념과 실천들을 다시 한번 생각해 보는 계기가 되었습니다. 나는 지금 이 글을 읽을 자격이 있는가? 하는 스스로의 의문이 슴속에 생기는 것도 사실입니다.

---

* 본문의 내용 중 일부는 이○식 선배님의 글을 일부 인용하였음(사친 문학 '사모정 공원의 울림' 2020 가을호 한빛인쇄)

이제는 효를 실천하려 해도 할 수 없는 천애의 고아가 되어 버린 지 오래입니다. 비록 효는 실천치는 못하지만 지금부터라도 이웃을 위해 같이 염려하고 더불어 아름답게 살아가는 모습을 배우며 챙기며 나머지 삶의 세월을 지내려 합니다.

이ㅇ식 선배님의 건강과 가족 모두의 행복을 기원드립니다.

풍운아 방랑시인 「김삿갓 북한 방랑기」

　영월(寧越) 지역은 위치 및 지리적으로는 강원도, 충청북도, 경상북도를 연결하는 교통의 요충지이다. 영월 하면 먼저 천년을 두고 휘돌아 흐르는 동강과 서강이 떠오르고 역사적으로는 조선 개국 초기 비운의 단종애사를 떠올리게 된다. 또한 맑은 물과 울창한 산림 기암괴석 등 수려한 천혜의 자연경관과 수많은 유적과 유물들이 곳곳마다 산재해 있는 보고(寶庫)의 땅이기도 하다.
　아울러 주민들의 심성이 순박하고 질박하여 시대를 초월하는 음풍농월의 시와 노랫소리가 고을마다 가가호호마다 젖어 들어 시인 묵객이 끊이지 않고 찾아드는 문향의 으뜸 고장이다. 거기에다 세기의 방랑시인 김삿갓을 배출한 명문의 고장이기도 하다. 그러기에 영월의 역사에서 바람 같이 살다 간 풍운아 방랑시인 김삿갓의 행적과 곳곳에 뿌려놓은 그의 삶의 자취를 빼놓을 수가 없는 것이다.

참으로 아득한 옛날이야기 같은 지난날의 이야기이다. 그런 시절을 살아왔었다는 것이 꿈만 같았고 때로는 정말로 그런 시절이 내 인생의 한가운데 징검다리처럼 걸쳐져 있었나 하는 의구심까지 들을 정도이다. 세상은 급변하였고 국민들의 삶의 질도, 민도도, 사회적인 환경도 짧은 세월 속에 너무도 많은 것이 달라지고 변하였다.

내생에 20대 전반만 하여도 보릿고개가 있었다. 당시의 절체절명(絶體絶命)의 화두는 어떻게 먹고 사느냐가 그래서 목숨을 부지하고 연명하느냐가 민초들 모두의 첫 번째 관심사였다. 1961년 5·16 군사 쿠데타가 일어나면서 군부가 내 걸은 공약이 「절망과 기아선상에서 허덕이는 민생고를 시급히 해결하고…」였다. 그런 가운데 설상가상으로 미국의 원조물자마저 갑자기 끊어지면서 한때는 일부 서민들이 초근목피로 생활을 해 나갈 정도의 궁핍한 상황으로 내몰리기까지 하였다.

한편으로는 정부의 경제개발 5개년 계획이 발표되고 우리도 한번 잘살아 보자는 새마을운동이 전국으로 확산되면서 수 천 년을 숙명처럼 이어오던 가난을 떨쳐내기 위해 전 국민이 동분서주 하던 시기이기도 했었다.

한반도의 남북 관계는 극도의 긴장 상태에서 동서로 길게 가로놓인 휴전선이 언제 무너져 내릴지 모를 정도로 일촉즉발의 극한 대립과 대치의 상황이 계속되고 있었다. 당시의 사회적 분위기로서는 남북이 죽기 살기로 서로를 비방해 가며 체제 선전에 열을 올리고 있던 시기였다. 어둡고 암울했던 그 시절에 그나마 국민들에게 웃음과 해학과 희망을 안겨준 것이 KBS 방송국「김삿갓 북한방랑기」라디오 방송 프로그램이었다.

김삿갓은 1807년 출생하여 영월도호부 과거에서「논정가산충절사, 탄김익순죄통우천 (論鄭嘉山忠節死, 嘆金益淳罪通于天)」시제로 장원급제를 하였다.

그 후 자신의 조부 김익순이 나라에 지은 대역무도한 불충과 조상인 할아버지를 스스로 능멸한 죄상을 뼈저리게 느끼고 하늘 보기가 부끄럽다며 평생을 삿갓을 쓰고 방랑 생활로 참회하였다. 그는 결국 전남 화순군 동복 구암리에서 57세로 한 많은 생을 마감하였고 그의 차남 익균이 이곳 영월의 땅 하동면 와석리 노루목에 시신을 모셨다.

김삿갓이 죽은 지 꼭 백 년 만에 그는 영월 땅에서 다시 살아 나 북녘땅 전역을 돌아다니며 북한 주민들의 지옥 같은 삶을 낱낱이 생생하고 자세하게 남한 지역 주민에게 전해주었다.

한 시대를 풍미했던「김삿갓 북한방랑기」가 1964.5. KBS 방송국에서 첫 회가 방송되었다. 프로그램 들머리에 흘러나오던 엄숙하면서도 가슴 뭉클했던 낭송시「땅덩어리 변함없되 한 허리는 동강 나고 하늘빛은 푸르러도 오고 가지 못하누나. 이 몸 죽어 백 년인데 풍류 인심 간곳없고 어찌하다 북녘땅은 핏빛으로 물들었나」이 싯구가 울먹이듯 장엄하면서도 묵직하게 울려 퍼질 때는 숨죽여가며 듣던 모두가 그 순간만큼은 숙연해지지 않는 사람이 없었다.

50~60대 이상의 대부분의 사람들이 아마도 기억할 것이다.

그 방송을 안 들어 본 사람이 없었을 정도로 인기가 높았고 국민의 마음과 귀를 한곳으로 모은 방송프로그램이었다. 「김삿갓 북한방랑기」가 방송되는 시간에는 밖에 외출했다가도 집이나 작업장으로 발걸음을 돌렸다.

길쭉한 상자 모양의 짙은 고동색 헐 즘 한 라디오에서 흘러나오는 그 방송을 들으려고 하던 모든 일을 멈추고 책상 앞으로 일제히 모여들었다. 그때만 해도 국내에 텔레비전이 보급되기 이전이었고 라디오 자체도 귀한 시절이었다. 서로 좀 더 가까이 다가가서 귀를 바짝 세우고 숨소리까지 죽여 가며 흘러나오는 말 한마디 놓치지 않고 들었었다.

지금도 생각난다. 라디오에서 흘러나오는 성우들의 목메인 울음 섞인 목소리, 떨리면서도 강직했던 음성들이 듣는 이로 하여금 온몸에 경련이 일 듯 전신이 짜릿하게 절여오고 격한 울분과 함께 뜨거운 동포애의 눈물을 자아내게 했다.

60여 년 가까운 세월이 흘렀건만 그때 성우들의 가슴을 찌르는 듯한 애절하면서도 굳건한 목소리가 지금도 귓가에 생생하게 들려온다. ~어쩌다 북녘땅은 핏빛으로 물들었나~ 요 대목만 나오면 방송을 듣는 사람들의 눈시울이 갑자기 뜨거워지면서 눈물 콧물이 그대로 쏟아져 흘러내렸다.

초기에는 라디오마저 귀한 시절이었다. 시골이나 농촌지역에서는 이장 댁이나 잘사는 부잣집 처마 끝에 매달린 스피커 아래로 시간만 되면 모두들 모여들어 「김삿갓 북한방랑기」에 너나없이 귀를 기울였다. 그 당시의 유일무이한 문화 수단이 책상 위의 라디오였고 처마 끝에 매달린 사각의 검은 스피커였다.

　김삿갓이 북녘땅 전역을 두루 살피며 북한 동포들의 고통과 애환을 대신해서 공산당 최고 지도자를 비롯한 관리들을 향하여 쓴소리로 호통을 칠 때는 듣는 이의 가슴이 그렇게 통쾌할 수가 없었다. 그럴 때는 사방에서 박수 치는 소리가 진동을 했다. 첫머리 시그널 배경음악으로는 전 국민의 서정적 한이 담긴 「눈물 젖은 두만강」의 애조 띈 음색이 잔잔히 밑바닥에 흐르면서 청취자들의 가슴을 더욱 찐하고 아리게 만들었다.

　1964년 5월 첫 전파송출을 시작하여 2001년 4월에 막을 내린 장수 반공 프로그램으로서 그 당시 극과 극의 적대적 남북 관계의 시기였던 만큼 북한 주민들에 대한 대북 심리전 차원에서 크게 영향을 끼쳤다. 장장 36년이 넘는 세월 동안 방송되면서 모든 사람의 심금을 울렸고 한편으로는 전 국민이 반공 의식을 새롭게 다지는 데도 크게 일조를 하였다.

　그렇게 바람처럼 떠돌던 방랑시인 김삿갓에게도 내면에는 인간적인 삶의 슬픔과 혈육의 정에 대한 아픔이 깊이 자리하고 있었다. 「새도 둥지가 있고 짐승도 굴이 있건만 내 평생을 돌아보니 너무나 가슴 아파라. ~ 돌아 갈래도 어렵지만 그만 둘래도 어려워 중도에 서서 며칠 동안 방황하네」

　시대의 반항아이고 희생자인 김삿갓의 「난고 평생시」, 삼천리 방방곡곡을 헤매 돌던 김삿갓의 처절한 심정과 애틋한 마음이 그대로 설움이 되어 녹아내린다. 폐부를 찌를듯한 방랑자의 회한 어린 독백의 시 한 편이 읽는 이의 목울대를 울먹이게 하고 시린 가슴을 먹먹하게 만든다.

 잠시나마 나 자신의 삶의 흔적을 뒤돌아본다. 70여 년의 긴 세월의 여정, 나는 그간 어떻게 살아왔고 무엇을 이루어 놓았는가? 그리고 앞으로 무엇을 위해 살아갈 것인가? 저 멀리 구름 속에서 대답 없이 웃고 있는 방랑시인 김삿갓의 천결(穿結)로 얼룩진 도포 자락만이 세월을 잊은 듯 바람 끝에 펄럭인다.

 끝으로 김삿갓의 성담(性談) 중 재미있는 일화 하나를 실어 본다. 김삿갓이 춘천 소양강 변에서 처녀 뱃사공의 나룻배를 탔다. 그가 슬며시 장난기가 동해 처녀 뱃사공에게 한마디 농을 던진다.

"여보 마누라. 노 좀 잘 저으소."

처녀 뱃사공 펄쩍 뛰며 "어째서 내가 댁의 마누라요?"

김삿갓 태연히 답한다.

"내가 당신 배에 올라탔으니 내 마누라지."

김삿갓 강을 건너 배에서 내렸다.

이때 처녀 뱃사공이 김싯갓을 바라보며 회심의 미소를 띠운 채 바람결에 한마디를 던진다.

"내 아들아, 잘 가거라."

김싯갓 눈이 똥그래져시 "아니, 내가 이찌 그대의 아들인고?" 하니 처녀 뱃사공 왈 "내 뱃속에서 나갔으니 내 아들 아닌 감!"

김삿갓 껄껄 웃는다. "헉! 맞는 말일세그려! 하하하! 어머님! 만수무강하소서. 하하하!"

「죽장에 삿갓 쓰고~」「세상이 싫던 가요~」「방랑에 지치었나~」

해학과 풍자의 시선 김삿갓이 죽어 백 년이 지나서도 북한 전역을 다니며 그가 외치고 포효(咆哮) 했던 것은 진정 무엇을 의미하고 무엇을 위한 몸부림이었을까? 그가 그토록 목마르게 갈망했고 염원했던 것은 한민족의 남·북 통일이었을 것이다.

 방랑시인 김삿갓이 피와 눈물로 삼천리 방방곡곡을 누비며 그의 숨결 속에 묻어 두었던 큰 뜻을 기리어 조국의 통일을 이루어 내야 하는 것이 오늘을 살아가는 우리들의 할 일이고 의무일 것이다. 민족의 숙원인 통일이 하루빨리 다가올 수 있도록 두 손 모아 기원해 본다.

 아울러 문학관 내에 「김삿갓 북한(전국)방랑기」실을 만들어 관광객들에게 그때 그 시절을 회상하면서 방랑 시인이 외쳤던 생생한 그 음성을 원하는 일자별로 찾아 들을 수 있도록 해 주었으면 하는 바람이다.

 아울러 영월 군정의 무궁한 발전과 영월군민 모두의 가정에 행복과 건강이 깃들기를 기원합니다.

2부

아버지의 왕국 추억의 돋나물 텃밭

아버지의 왕국 추억의 돋나물 텃밭

 어느 화창한 봄날이었다. 따뜻한 봄기운이 온 누리를 포근하게 덮는다. 오랜만에 구내식당을 이용했다. 언제 맡아도 밥 냄새는 늘 변함이 없었다. 어머니의 따뜻하고 다정한 숨결같이 온몸으로 살포시 스며든다. 배식을 하는 아주머니들의 손길이 무척 날렵하다. 십여 명의 인원이 움직이는 모든 동작이 기계의 컨베이어벨트가 돌아가듯 한결같이 질서 정연하고 일사분란하게 움직인다.
 식판 위로 밥이 오르고 그 옆으로는 오늘의 특별메뉴인 봄 채소가 자리하고 있었다. 잎 새마다 통통한 살이 붙은 돋나물을 바라보니 정말 봄이 왔구나 하는 생각이 들었다. 당장이라도 푸른 즙이 뚝뚝 떨어질 듯 싱싱한 돋나물이 수북이 쌓여있다.
 도톰하고 실한 잎 새는 계절의 전령사처럼 봄소식을 전해주고 나른하고 힘들었던 일상에서 새로운 활력과 삶의 기운을 북돋아 준다. 봄의 향기는 코로만 느껴지는 것이 아니다. 눈으로도 흩어지는 푸른 향기를 느낄 수가 있었다. 함지박에 가득 담긴 싱그러운 돈나물이 실내 가득 청정한 봄 내음을 쏟아 놓는다.

지역에 따라 돈나물, 돌나물, 돈나물 등등으로 불리 우며 봄철 들판에 산이나 어디에도 잘 자라고 번식력이 좋아서 시골 밭에서도 쉽게 볼 수 있다. 입맛을 돋우어 주는 비타민c는 물론이며 인산과 칼슘 등 각종 영양소가 풍부하게 포함되어 있으며 특히 뼈에 좋은 칼슘은 우유의 두 배나 되는 것으로 알려져 있다.

특히 돈나물은 피를 맑게 하는 효능이 탁월하다고 알려져 있다. 또한 돈나물이 콜레스테롤 수치를 낮춰준다는 연구 결과도 있어서 남성들에게도 좋은 음식이라고 한다. 최근에는 여성호르몬인 에스트로겐을 대체하는 성분이 있다고 밝혀져 폐경 이후 여성들의 호르몬 감소로 인해 겪는 갱년기우울증에도 좋은 효과가 있다고 한다.

파릇파릇 몽실몽실하게 물이 오른 돈나물 몇 줄기를 입으로 가져온다. 향긋한 봄 내음이 입안을 가득 채운다. 또 한입 물어 본다. 이번에는 돈나물의 맑은 즙이 혀끝을 맴돈다. 구내식당에서 오랜만에 돈나물 반찬을 보니 아버지가 예전 텃밭에 돈나물을 심어서 아침저녁으로 즐겨 먹던 추억이 새삼스럽다. 주로 잎을 먹는데 날로 먹는 것이 더욱 맛이 산뜻하고 영양 면에서도 우수한 특징이 있다고 한다.

수십 년 전 전쟁의 상흔이 가시지 않은 시절, 모든 것이 귀하고 부족했던 상황이었다. 보릿고개는 민초들의 삶을 더욱 어렵고 힘들게 만들었다. 6·25 전쟁으로 폐허가 된 국토위에서 모든 사람들이 배고픔에 허덕이고 생존을 위해 몸부림치던 세월이었다. 학교에서 가끔가다 나눠주는 분유(원조물자)는 나름대로 가족들의 생활에 큰 보탬이 되었다.

그래도 하루 종일 배가 고팠고 하루에 한 끼 정도 굶는 것은 다반사였다. 참기 힘들 때는 술지게미를 얻어와 당원을 타서 물 마시듯 마셨고 또 때로는 그나마도 없을 때는 인근(효자동)에 위치하고있는 소주 공장에서 땅 밑으로 배관을 타고 흘러내리는「모주」라는 것을 줄을 서서 한 바가지씩 받아와 배고픔을 달랬다.

지금까지도 그 공장에서 제조되어 가게나 식당에 진열되었던 녹향 소주병의 상표가 기억에 남는다. 맑고 푸르스름한 목이 긴 병에 타원형의 둥그런 라벨이 붙어있었고 그림 안에는 양쪽으로 뿔이 거창하게 솟은 수사슴 한 마리가 위풍당당하게 먼 하늘을 지켜보고 있었다.

아버지의 사업 실패는 전 가족을 고단한 삶으로 몰아넣었다. 어쩔 수 없이 정든 고향 땅을 등지고 춘천으로 삶의 터전을 옮겨야만 했다. 당시는 너나없이 모두가 가난한 생활의 연속이었다. 어렵게 얻은 셋집은 밭 한가운데 자리한 허름한 초가집이었고 두 세대가 벽을 맞대고 살았다. 아버지는 그래도 자식들을 굶기지 않으려고 많은 노력을 아끼지 않으셨다.

한때는 깊은 겨울 차가운 바람을 맞아가며 골목 귀퉁이에서 붕어빵 장사를 하신 적도 있었다. 그때 팔고 나머지를 갖고 들어오셨을 때는 형제들이 우르르 몰려들어 팥고물이 달콤한 붕어빵 먹기에 정신이 없었다. 철이 없던 시절이라 아버지가 늦게 집에 돌아오실 때는 좀 더 많은 붕어빵을 갖고 오기만을 기다렸다.
부모님께서는 말씀은 없으셨지만 속으로는 철없는 자식들이 얼마나 답답했을까? 팔다 남은 붕어빵이 많을수록 아버지의 어깨는 점점 더 축 처졌을 터인데... 또 어느 때는 조그만 구멍가게를 차려 어떻게 해서든지 자식들을 배곯지 않게 하시려고 숱한 고생을 마다하지 않으셨다. 하지만 모든 것이 여의치 못했던 모양이다.

나중에는 춘천 시내 중앙시장 인근의 골목 커브 길에 작은 목판좌대 하나를 펼쳐놓고 구두 수선을 하셨다. 그때만 해도 물자가 귀한 시절이라 대부분의 사람들이 모든 것을 아끼며 귀하게 여기고 살았다. 구두의 뒤축이 닳으면 말발굽의 편자 같은 쇠붙이인 '징'이라는 것을 박아 오래 신을 수 있도록 만들어 주셨다. 걸을 때마다 쇠붙이 끌리는 소리가 검은 그림자처럼 따라다녔다.

비단 남자들뿐만이 아니었다. 인근의 다방이나 미장원, 주점의 아가씨들도 손을 보아야 할 구두를 들고 와 수선을 해 신었다. 물자 절약을 아무리 강조해도 지나침이 없던 시절이었다. 오래되고 지저분하고 헤어졌어도 아버지의 손을 거치면 말끔하게 고쳐졌고 거기다 색깔에 맞추어 구두약까지 칠해 천으로 여러 번 문질러 광을 내면 반짝반짝 빛이 났었다. 아가씨들이 받아 들고 좋아하던 모습들이 지금도 희미한 기억 속에 남아 있다.

하루는 아버지가 일을 끝내고 돌아오면서 돋나물을 한 보따리 사서 갖고 오셨다. 부피는 커 보였어도 무게는 가볍기만 하였다. 이른 봄 보리밥에 고추장을 비벼서 한입 가득히 먹던 일이 엊그제만 같다. 그렇게 맛이 있고 그렇게 향이 좋을 수가 없었다. 상추쌈처럼 한입 가득 물어도 몇 번 안 씹으면 수박 속살처럼 입안에 물기만 가득 하고 혀에 걸리는 것이 없었다. 매년 봄이 되면 아버지가 사 오시던 돈나물에 보리밥을 비벼 먹던 그 맛은 고래희를 넘은 지금도 잊혀 지지 않는다.

  그러던 어느 날 아버지를 따라 앞뜰에 돈나물 반 포대를 열을 맞춰 심었다. 땅에 줄기를 묻고 흙을 덮어주고 골을 깊이 파 물을 주고 일주일 정도 지나니 마당 전체가 파릇파릇 돈나물 새싹이 싱싱하게 자라났다. 작은 텃밭은 어느새 '아버지의 녹색 왕국 돈나물 밭'이 되었다. 그 덕분에 늦은 여름까지 푸른 잎에 싱싱하고 통통한 돈나물을 식구들이 매일 매일 하루도 빠지지 않고 먹을 수가 있었다.

  나는 아침만 되면 텃밭 한 가운데서 돈나물을 뜯으면서 하루 해를 시작했다. 아버지가 직접 키운 돈나물은 어느 반찬보다도 맛있고 영양가가 높았다. 이제는 영원히 사라진 아버지의 푸른 녹색의 왕국, 잊혀진 추억의 돈나물밭, 당신의 손길이 묻어나던 텃밭의 싱그러운 돈나물 반찬이 다시 한번 그리워진다.

  돌아오는 오일장에는 풍물 장터에 가서 등 굽은 할머니가 직접 뜯어 오시는 돈나물 한 바가지를 사 가지고 와야겠다. 집사람과 옛 생각을 해가며 고추장에 보리밥을 비벼서 맛있게 먹어 보고 싶다. 돈나물 향기 속에 아버지 어머니가 힘들게 넘으셨던 보릿고개를 생각하며 그때의 어린 시절 추억 속으로 다시 한번 되돌아가고 싶다.

영화 속 춘천 이야기 「길소뜸」

　우리는 역사박물관을 통해서 우리 민족 고유의 전통적인 생활양식과 그들이 살아온 과거의 흔적을 나름대로 살펴볼 수 있다. 역사를 잊은 민족에겐 미래가 없다고 했다. 과거의 상황과 걸어온 흔적을 모르면 현재의 삶이 어떻게 이루어져 오늘의 이 시점까지 와 있는지를 모른다.
　그러다 보면 민족의 정체성을 찾을 길 없고 정체성이 없는 모호한 삶이 계속 이루어질 때는 새로운 전통문화의 창조와 창달이 쉽지를 않다. 그러기에 우리는 고고학을 통해 우리의 뿌리를 찾고 선대의 삶을 연구하는 노력을 지금도 계속해서 이어가고 있는것이다.
　몇 달 전 우연히 접했던 오래전의 영화 한 편이 떠오른다. 무심코 본 영화 속에 춘천의 옛 모습들이 필름 속에 고스란히 담겨저 있었다. 과거 속 지나간 세월을 다시 돌려놓은 듯 모든 것이 살아서 활발히 움직이고 있었다. 마치 그 당시의 바람과 공기를 마시고 있는 듯 나 자신이 타임머신을 타고 과거의 시간 속을 거닐고 있는 것 같은 착각 속으로 빠져든다.

바람에 가로수의 잎이 흔들거리고 푸른 잎 사이로 맑은 하늘과 평화롭게 떠다니는 구름 들을 만날 수 있었다. 분명히 우리가 겪은 지난날 과거의 시간이었건만 필름 속의 화면들이 뒷걸음질을 쳐 다시 돌아온 듯 영상으로 아른거린다.

현재와 전혀 다름없이 시간과 공간을 뛰어넘어 정겨운 모습으로 나의 뇌로 전달되고 있었다. 당시의 시대 상황을 가감 없이 그대로 고스란히 느낄 수 있고 볼 수 있는 것이 영화이다.

사람들의 옷차림이라든가 당시의 유행 했던 패션이라든가 건축 구조물 형태라든가 그 거리에서 오고 가는 행상인들을 보면서 어떻게 살아왔는지를 대충은 그 시절을 가늠해 볼 수 있는 것이다.

그 영화를 보면서 춘천시가지의 옛 모습들과 조용한 강변의 아름다운 풍경을 안고 사는 시민들의 소박한 삶의 현장을 들여다볼 수가 있었다. 당시의 번화했던 요선동 거리와 지금도 자리하고 있는 인성병원의 옛 건물의 모습들, 그리고 봉의산자락 아래 자리한 한림성심병원 등 서정 어린 정취들이 생생하게 현실적으로 눈앞에 펼쳐진다.

필름 속에 담긴 사람들의 발걸음도 현실과 다름없이 일상의 바쁜 생활을 하고 있었다. 다만 그들이 입고 있던 남자들의 헐렁한 옷이라든가 여성분들의 통치마 비슷한 나들이옷과 들고 있는 핸드백 등의 소품이라든가 그들의 헤어스타일이 지금과는 완연히 다른 모습을 하고 있었다.

이미 화면 속에 떠오르는 건물들과 장소 중 일부는 소멸되어 소리 없이 허공 속으로 사라진 부분도 있었다. 때로는 수십 년 전의 춘천의 시가지 모습을 당시의 원형 그대로 많은 곳을 재현하여 보여주고 있었다.

지나간 옛것들을 다시 되돌아보며 잠시나마 옛 추억을 더듬어 과거 속을 거닐다 보면 생각이 여유로워지고 마음을 편안하게 만들어 준다. 한 편의 영화를 보면서 내 고장의 수십 년 전의 도시의 광경과 사람들을 다시 되돌아볼 수 있다는 것이 흥미롭기만 하다.

영화의 장점은 무엇보다도 현실성과 사실성에 있는 것이다. 주변에 나오는 거리라든지 그 당시 그곳을 걸어가던 사람들의 옷차림과 헤어스타일 그 속에서 열심히 생업을 경영하던 분 그리고 당시의 도로와 도로 따라 늘어선 잎이 넓은 플라타너스 가로수, 길옆으로 나란히 열을 맞춰 늘어선 야트막한 상가건물 등이 고스란히 화면 위로 등장을 한다. 지금으로서는 다시는 볼 수 없고 미처 우리들이 기억할 수 없는 장면과 장소들도 다수 있었다.

역사박물관이나 유적지 등 현장에서 유물이라든가 유품들, 유적지의 보존 상태 등을 통해서 흘러간 옛날 당시의 상황을 유추해 볼 수 있듯이 우리는 그 지나간 영화를 통해 선대의 삶의 일부분을 엿 볼 수 있는 것이다.

앞서 얘기한 한 편의 영화는 임권택 감독의 1985년 만든 작품 「길소뜸」이라는 영화이다. 그 당시 대한민국 최고의 인기를 누리던 영화계의 거물급 두 스타가 출연한다. 여주인공으로 김지미씨가 원숙하고 활기찬 40대 후반 여성으로 중후한 여성미를 풍기면서 등장한다. 그녀의 상대역으로 이지적이며 신사의 품격을 지닌 신성일씨가 출연해 우리 민족이 겪어야 했던 동족상잔인 6·25의 비극적인 한 단면을 보여주고 있다.

이산가족의 아픔을 통해 전쟁이 남긴 상처와 고통을 사실적이고 우회적으로 다룬 영화이다.

영화의 줄거리는 다음과 같다. 〈이산가족 찾기〉 방송이 한창인 1983년, 화영(김지미)은 남편의 권유로 아들을 찾기 위해 KBS 만남의 광장을 찾아간다. 거기서 죽은 줄 알았던 동진(신성일)을 본 화영은 충격을 받는다.

이야기는 다시 수십 년 전으로 되돌아가 해방을 맞이하면서 화영의 가족은 만주에서 타국 생활을 청산하고 옛 고향인 황해도 연백군 길소뜸을 찾아와 정착하게 된다. 고향에서 새로운 삶을 살아가던 중 역병이 돌아 화영이만 제외하고 전 식구들이 모두 죽게 된다.

이웃의 도움으로 아버지의 친구 집에 얹혀살던 시절 화영은 자신에게 따뜻하게 대해 준 주인집 아들 동진과 사랑하게 되고, 미처 준비 되지않은 상황 속에서 화영은 임신을 하게된다. 동진네 집안에서는 화영을 우선 춘천 이모네 집으로 보내 몸을 돌보도록 만들어 준다.

그 후 동진이 출산을 앞둔 화영을 데리러 춘천 이모댁을 찾아간 날, 운명의 장난처럼 화영은 길소뜸 마을로 먼저 떠나 길이 엇갈려 버리게 되었고, 하필이면 그날 6·25 전쟁이 발발해 동진은 고향으로 돌아가지 못하고 이모님과 함께 피난길을 떠난다.

피난길에 의용군으로 강제 편입돼 낙동강 전선에 배치되어 싸우다 탈출하여 다시 국군으로 입대하게 되고, 화영은 길이 엇갈려 시댁에서 출산 후 어린 아들을 데리고 전쟁 통에 동진을 찾아 나선다.

국군과 인민군의 전투는 교착상태로 전선이 오르락내리락하는 상황 속에서 화영이 춘천 지역에서 어렵게 살아가던 중 예전 음악 선생을 우연히 만나 많은 도움을 받는다.

그녀는 음악 선생이 첩자인 것을 모르고 심부름을 해주다 빨치산 혐의로 체포되어 수년간의 옥고를 치르게 되고 출옥 후 다시 춘천을 찾았으나 이미 아들이 사라진 상태였었다. 33년이라는 긴 세월이 흘러서야 둘 다 다른 사람의 동반자가 되어 자식들까지 딸린 자유스럽지 못한 상황에서 어색한 만남을 갖게 된다.

일단 두 사람은 잊어버린 핏줄을 우선 찾아보기 위해 아들이 살고 있다는 춘천시 사북면 지촌리까지 같이 오게 된다. 그러나 화영은 이미 살아온 환경이 너무도 다른 맹석철(한지일)의 거친 말투와 무례한 행동, 비인간적인 면을 목격하면서 이질감에 실망을 하게된다.

춘천성심병원에서 의학 검사를 통해 석철과의 거의 완벽한 친자관계임을 알려주는 담당 의사에게 화영은 되레 생물학적으로 100%가 아닌 이상 받아들일 수 없다며 선뜻 다가서지 못하고 쓸쓸히 발길을 돌린다.

　마지막으로 이 영화 속에 펼쳐지는 명대사가 가슴을 울린다. 「혈육이란 인간에게 있어서는 가장 원초적이고 본능적인 유대관계이다」「이 민족의 비극적인 운명을 사랑함으로써 그 운명을 극복할 수 있다」

　영화의 매력이란 이런 곳에 있는 모양이다. 영화는 과거 현재 미래를 시각적이고 청각적으로 영상과 소리가 합쳐진 종합예술이다. 말이나 글, 그림으로서는 표현할 수 없는 부분을 현실적 사실적으로 화상에 담아 우리에게 가감 없이 전달해 준다.

　시간과 공간의 개념을 뛰어넘어 언제고 어디서고 다시 쉽게 접할 수 있는 어느 매체보다도 우수하고 편리한 전달 매체이다. 한 마디로 있는 그대로의 모든 것을 영상 속에 거짓 없이 담아 낸다. 그러기에 나는 영화를 근대 예술의 총체적 집합체이면서 인류의 위대한 산물이라고 감히 말하고 싶다.

　세월은 흘러가도 새로운 세대는 지속적으로 탄생과 죽음을 반복해 가면서 지역의 특색 있는 문화를 창조하고 뿌리 깊은 전통과 특성을 이어간다. 후손들이 지역의 이런 기록물들을 통해 선대들의 발자취를 기억하고 삶을 반추해 가면서 향토애를 다져서 새로운 발전의 기틀을 도모해 갔으면 하는 마음이다.

　인정과 사랑이 넘치는 살기 좋고 수준 높은 문화도시로 발전시켜 자손만대가 이 터전 위에서 아름다운 삶을 영위해 나가기를 바라는 마음이다.

　이제라도 학계나 사계의 전문가를 통해서 그간에 춘천을 배경으로 또는 옛 춘성군 지역의 일부라도 필름 속에 담겨진 영화를 찾아내어 일목요연하게 정리를 해 놓아야 할 것이다.

  생각 같아서는 지역의 영화 역사박물관이라도 건립하여 지역 주민에게 지난 시절 우리 고장의 옛모습을 수시로 상영을 해 주었으면 하는 욕심이다. 눈앞에 펼쳐지는 영상 자체가 우리들의 지난날의 자화상이고 바로 춘천의 역사이기 때문이다.

  자라나는 다음 세대에게 우리 고장의 전통 문화와 시민의 정체성 고유의 지역 특성 등을 전달하고 심어주어야 할 것이다. 앞으로 다가오는 새로운 천년을 준비하고 대비하는 밑거름으로 영상매체가 적극 활용되었으면 하는 춘천 시민의 한 사람으로서의 작은 바람이다.

철부지의 짝사랑

　세월 앞에 장사 없다더니 틀린 말이 아니다. 그간 건강관리를 위해 꾸준히 아침 운동도 하고 출퇴근도 걸어서 주로 하고 있으나 요즘 들어 자꾸 몸이 불어나는 것 같다. 이미 과체중을 넘어 비만의 단계로 접어들기 직전의 상황이다. 학창 시절 나름대로 다져놓은 체력 덕분에 아직은 별 탈 없이 지내고 있지만 그래도 은근히 걱정되는 부분이 한둘이 아니다.
　서구(西歐)의 어린이들이 잘못된 식습관으로 비만이 넘쳐 난리라더니 어느새 우리나라 어린이들도 비만의 정도가 위험 수준에 도달되어 있다고 한다. 집사람도 살을 빼겠다고 비디오 앞에서 앉았다 섰다 하며 궁둥이를 높이 쳐들었다 내렸다 하는 모습이 옆에서 봐도 여간 가관이 아니다. 처음 만났을 때 후리후리한 키에 쭉 빠진 몸매가 아이를 낳고 세월을 먹다 보니 자신도 어쩔 수 없이 뱃살이 처지는 아주머니가 되는 모양이다.
　TV나 각종 공중파에서는 날씬해지는 방법, 에스(s)라인 만들기

등 살과의 전쟁 홍보에 난리다. 포만감을 높여 식사량을 감소시키고 지방분해를 촉진하여 에너지 소모를 증가시킴으로써 체중 감소 효과를 확실하게 나타낸다며 입에 침이 마르도록 선전을 해댄다.

세상이 참으로 많이 변했다. 못 먹어서 영양실조로 쓰러지던 시절이 엊그제 같건만 오늘날은 먹거리가 풍부해지고 영양의 과다 섭취로 인한 현대인의 부자병 현상인 비만이 우리 주변에 만연해 있다.

불과 30여 년 전 만 해도 먹고살 수가 없어 초근목피로 끼니를 때웠고, 당시 절체절명의 명제는 먹고 살아야 하는 배고픔의 탈출이었다. 우리 가족 역시 예외는 아니었다. 참으로 무섭고 서러운 것이 배고픔이었다.

아버지께서는 내가 어렸을 때 큰 도매상을 하셨다고 한다. 특히 미역 등 해산물을 차떼기로 중개업을 하셨을 때는 남부럽지 않은 부유한 생활을 즐기셨다. 하지만 호사다마라고 점점 불어나는 재산과 함께 사업상의 이유에서인지 아버지의 술자리도 하루하루 다르게 늘어갔다.

설상가상으로 동업자가 트럭 몇 대 분량의 물건을 현장에 보내지 않고 잠적해 버리는 통에 가세는 급격히 기울기 시작하였다. 그 이후 아버지는 동업자를 찾아 전국 방방곡곡을 헤매셨고... 이것이 어머니께서 살아생전에 자식들에게 자주 하시던 아버님에 대한 원망의 말씀이었다.

우리 가족은 고향을 떠나 춘천으로 이사를 오게 되었다. 그때 내가 청주시 석교 국민(초등)학교 제1학년 1학기 수업을 제대로 못 끝내고 올라왔으니 지금부터 수십 년 전인 1956년 7월 경이었다.

지금도 그 때의 기억이 희미하게 떠오른다. 당시의 버스들은 승용차처럼 앞부분의 머리가 길게 나와 있었다. 꾸불꾸불한 산길을 넘어 시퍼런 강물이 흐르던 그 어느 곳을 지나 하루 진종일 덜컹거리는 버스를 타고 와 늦은 밤 어둠이 짙어서야 지금 춘천시청 자리 부근의 어딘가에 도착하였다.

아버지를 따라 중앙시장 순대국집에 들려 저녁을 먹고 전기불 조차 들어오지 않는 산골 깊숙이 「두아리」(강대 후문 효자목욕탕 부근) 어느 마을로 향하던 모습이 아직도 생생히 기억된다. 그 이후부터 우리 가족들에게 기다리고 있는 것은 가난과 배고픔뿐이었다.

그 덕택에 세상을 누구보다도 일찍 배웠다. 낮에는 일하고 밤에는 공부하는 주경야독이란 세월을 감내해야만 했다. 그 와중에서도 행인지 불행인지 생긴 모습이 살결이 희고 통통하여 꼭 밤벌레처럼 생겼다 하여 주위의 어른들로부터 많은 사랑도 받았다. 또 한편으로는 선배 누나들의 심심풀이 땅콩의 대상이 되어 괴로움 아닌 괴로움을 수시로 받기도 했다.

오늘은 그 시절 같이 고생하면서 커 왔던 친구 딸의 결혼식을 보고 모처럼 동두천 처제 집을 들렸다. 여인네들끼리 뭔가 한참을 쑥덕이더니 하얀 약통을 주고받는다. 어느 유명 제약회사의 제품이었다.

굳이 용도를 물어보니 요즘 젊은이고 노인이고 너 나 할 것 없이 죽기 아니면 살기로 매달리는 살 빼는 약이라고 한다. 갑자기 예전에 세상도 모르면서 철부지 사랑으로 혼자만이 가슴 앓이하던 지난 시절의 기억이 되살아난다.

지금의 인성병원 밑에 있는 상공회의소 자리는 그 당시 국민은행이 자리하고 있었다. 당시만 해도 춘천에는 변변한 고층 건물 하나 없었던 그런 시절이었다. 넓지 않은 건물 안에는 남자 행원과 짙은 감색 유니폼을 입은 여행원들 몇이 앉아 은행 업무를 보고 있었다.

지금도 금융 계통의 종사자들을 선호하지만 그 당시는 직업 중에 일등 직업이었고 누구나 다 부러워하는 선망의 대상이었다. 문을 들어서면서 좌측 끝 편에서 현금출납을 맡은 여직원이 오늘도 밝은 미소를 지으며 고객을 맞이한다.

내가 다니던 회사는 트럭운송 회사였기에 항상 현금을 맡기고 또 찾아오고 하는 것이 나의 주요 일과였다. 어린 내 눈으로 봐도 그녀의 체중이 조금은 심한 편이었지만 언제나 밝고 명랑한 둥근 얼굴에 귀여움이 스며있는 모습이었다. 그녀는 나를 볼 때마다 친절하게 대해 주었고 이것저것 묻기도 하면서 친근감을 나타냈다. 그녀를 자주 만나면서 꼭 나의 누이 같은 감정이 들었다. 일을 다 마치고 나서도 쉽게 자리를 뜨지 못했다.

그녀가 지폐를 부챗살처럼 활짝 펴 들고 하얀 손가락을 재빨리 움직여 가며 돈을 세는 모습은 신기를 넘어 예술의 경지였다. 보면 볼수록 그녀의 모습이 정겨워 보였고 그녀의 맑은 미소를 옆에서 지켜보노라면 시간 가는 줄 몰랐다. 그런 그녀가 한없이 좋았고 때로는 그 풍만한 젖가슴에 나의 작은 몸뚱이를 맡기고 싶은 충동도 한두 번이 아니었다.

어느 날 그녀가 나를 조용히 부른다. 그것도 소리 없이 웃음 섞인 손짓으로... 그녀가 미안한 듯 싱긋 웃으며 뭔가를 종이쪽지에 적어 동료들이 볼까 급히 내 손에 넘겨준다. 종이쪽지에는 딱 네 글자 「비스랄스?」라고 적혀 있었다.

그길로 바로 약국을 찾아갔더니 약사 아저씨가 의아해한다. 고개를 갸우뚱 흔들면서 이거 살 빼는 약인데... 그녀의 은근한 부탁이었기에 누구에게도 보이지 않게 소리 없이 건네주었다. 백 원짜리 잔돈을 다시 내게 돌려주면서 고맙다며 환히 웃던 그녀의 모습이 지금도 기억난다. 그 이후로 그녀의 모습에 좀 더 많은 관심을 갖게 되었다. 정말로 살이 빠졌는지, 어떤 날은 좀 빠진 것도 같고 또 다른 날은 어제나 변함이 없었던 것 같았다.

그러던 중 어느 날 갑자기 그녀가 보이지를 않았다. 어린 마음이었지만 그때의 그 허전함은 무엇과도 비교할 수가 없었다. 그때까지는 내 마음에 차지하고 있는 그녀의 둥지가 이렇게 큰 줄을 니 자신도 미처 몰랐었다. 나의 새 가슴속에 그녀를 누나가 아닌 이성으로서 여인으로서 연모하고 있었다는 사실을 그녀가 훌쩍 떠난 이후에야 뒤늦게 알게 되었다.

일순간에 삶의 의욕을 잃고 얼마나 많은 시간을 밤하늘을 바라보며 눈물로 방황했는지 모른다. 다른 곳으로 전출을 간것인지 아니면 그만둔 것인지 그 이후로는 그녀의 모습을 다시는 볼 수 없었다. 지금 생각하면 왜 그렇게 우둔했는지 그때 직원을 통해서라도 물어보았더라면 그녀의 행방을 알 수 있었으련만 그런 용기가 나지 않았고 생각도 못했었다.

그 당시만 해도 미인의 기준이 지금과는 많이 달랐다. 시쳇말로 부잣집 맏며느리처럼 몸에 살도 약간 있고 얼굴은 보름달처럼 둥글고 환한 형이 나이 드신 집안 어른들 마음에 꼭 드는 신부감이었다.

그녀는 앞으로의 다가올 세상을 미리 내다본 것일까? 좀 더 날씬하고 좀 더 에스(s)라인을 찾아 헤매는 요즘 여성들의 취향을 한발 앞서 예견한 것일까? 그녀는 이미 오늘과 같은 세상이 올 것을 알고 비만에서 벗어나고자 누구보다 앞선 선구자적 행동을 하였나 보다.

지금쯤 그녀의 모습은 어떻게 변해 있을까? 이름도 성도 모른 체 철부지 어린 시절 철없이 짝사랑했던 여인. 그 여인도 한 번쯤은 나를 기억하고 있을까?

하늘 아래 지구촌 어딘가에서 살아갈 그 여인을 생각하며 오늘 밤도 그녀의 별을 찾아 꿈길 속을 달려간다. 그녀가 원했던 에스(s)라인의 몸매로 행복한 삶을 살아가시기를 기원하면서…

금병산(錦屛山)과 김유정의 문학 혼(魂)

 어느새 봄기운이 완연하다. 어둡고 음침했던 한겨울이 지나가고 베란다 창 너머로 금병산(錦屛山)이 초록으로 물들여진 산수화처럼 가까이 다가온다. 천하를 품을 듯 넉넉하고 듬직한 산봉우리들이 물결치듯 장엄한 위용을 뽐내며 남녘으로 길게 하늘과 맞닿아있다. 높이 솟은 주봉이 작은 봉우리들을 아우르고 등성이와 산마루가 허리를 맞대고 어우러져 수려한 경관을 자랑한다.
 금병산은 주변의 기암절벽이 마치 병풍을 사방으로 두른 듯 아름답고 미려하기에 붙여진 이름이라고 한다. 그 명칭에 걸맞게 보면 볼수록 깊은 정이 샘솟고 봉우리 마다 봄빛 같은 따사로움이 곱게 묻어난다. 산길 따라 계곡 따라 자연의 신비로움에 매료되어 등산객이나 관광객이 사시사철 찾아드는 춘천의 명산 중의 명산이다.
 내가 처음으로 금병산을 오른 것은 아주 오래전 강원도청에 근무할 당시였다. 직장 체육대회의 날을 맞이하여 체력 단련 겸 해서 국(局)별로 전 직원이 금병산을 등반하게 되었다. 수십여 년이 훨씬 지난 옛날 옛적의 일이었다. 그 당시 만 해도 지금처럼 안내판이라든지 등산로가 잘 정비되어 있지를 않았었다.

응달진 비탈길 아래쪽으로는 지역예비군들이 파놓은 참호들이 곳곳에 황량하게 자리하고 있었고, 깊게 패인 웅덩이 속으로는 봄볕에 잔설이 녹아들어 질척한 물구덩이를 만들어 놓는다. 온기 없는 썰렁한 참호가 당시의 불안했던 국제정세와 적대적으로 대치하고 있던 경색된 남북 관계의 긴장감을 말없이 보여주고 있었다.

금병산 하면 실레마을이 생각나고, 실레마을 하면 천재 작가 김유정 선생이 머릿속에 아련히 떠오른다. 김유정 작가의 고향이 바로 금병산 아랫자락에 자리한 실레마을이다. '동네가 산에 묻힌 모양이 마치 옴팍한 떡 시루 같다'는 뜻으로 증(甑)리 라고도 불렸다.

그는 길지 않은 생(生)의 시간 속에 수십 편의 주옥같은 단편 소설을 발표하였다. 한때는 명월관의 어느 한 여인(박녹주)을 죽도록 사모하여 자신의 온 열정과 심혈을 다 바쳐 그리워했었다.

사랑은 사랑을 해본 사람만이 안다. 특히 짝사랑의 아픔은 그 무엇과도 비교할 수 없는 하늘이 무너지고 가슴이 찢어지는 고통이고 괴로움이다. 세상 어느 누구도 위로해 줄 수 없고 위로 받을 수 없는 혼자만이 감내해야 할 천형(天刑)이고 업보이다. 어둠 속 광야의 끝이 없는 고독의 통곡이고, 죽음보다 더 짙은 영혼의 피를 토하는 단장(斷腸)의 울부짖음이 짝사랑이다.

김유정 작가가 사랑에 지친 몸과 쓰린 가슴을 안고 고향으로 귀향하여 문학에 전념할 즈음 이미 짙어진 병색은 날로 깊어져 돌이킬 수 없는 길로 치닫고 있었다. 그는 병마(결핵)로 쓰러져 가는 마지막 순간까지 혼신의 힘을 다해 문학 혼(魂)을 불사르다 29세(1909~1938)의 젊은 나이로 요절한 우리나라 근대 문학의 대표적 선구자였다.

김유정 선생의 작품 속에는 일제 강점기 시절 민족의 고달픈 생활상과 농촌지역의 피폐한 삶을 살아가는 소작농들의 눈물 어린 애환이 서려 있다.

달빛 어린 금병산 산골짜기를 흰 두루마기를 휘적휘적 날리며 밤길을 거니실 때 얼마나 많은 생각과 번뇌를 가슴에 묻고 이 산길을 걸으셨을까? 얼마나 많은 열정과 애정을 이 고갯길에 쏟아부으셨을까? 가난과 수난을 몸소 겪으면서 나라를 빼앗긴 헐벗고 배고픈 백성들의 살림살이가 얼마나 안타까우셨을까?

따사로운 오후의 햇살이 금빛처럼 사등성이 푸른 숲속으로 쏟아져 내린다. 김유정 선생께서 민초들의 고단했던 생활을 가슴 아파하며 걸으셨던 발자취를 따라 실레마을 둘레 길을 돌아본다.

금병산 골짜기를 타고 흐르는 냇가에는 들병이 들의 한숨 소리가 물살에 실려 오고, 마을 안쪽 사래 긴 밭에서는 농부들의 피땀 어린 베적삼이 눈물 속에 어려 보인다.

들병이 들 역시 먹고 살기 위해 험준한 산허리를 돌아 치마끈을 동여매고 이 고개를 넘었을 것이다. 한 잔술에 헛웃음과 아픔을 묻고 억지 춘향이 되어 분 냄새 피워 내던 노랫가락이 지금도 산울림이 되어 금병산 이끼 낀 산자락을 구슬프게 떠돈다.

  소작농들 역시 황폐해진 농촌에서 일제의 억압 속에 모든 것을 수탈당하고 지주의 횡포와 마름의 행티에 끝없는 고통을 당하면서 힘겹게 삶을 이어왔다. 헤어 날 수없는 가난을 머리에 이고 숙명처럼 살아가야 했던 그들의 눈물자국과 피맺힌 절규가 실레마을 곳곳에 아직도 서럽게 배어 있는 것만 같았다.

  김유정 선생이 남긴 작품 하나하나가 지나간 우리 민족의 험난했던 고난사이고 핍박과 굶주림에 지친 우리 농촌의 서글픈 자화상이었다.

  '역사를 잊은 민족은 미래가 없다'고 했다.

  다시는 반복되지 말아야 할 역사의 궤적 위에서 온갖 상념에 젖어 드는 나그네의 발길이 오늘따라 무겁고 버겁기만 하다. 해는 어느새 서녘 하늘을 붉게 물들인다.

  김유정 선생께서 끝없이 사랑했던 금병산 자락 새고개와 응고개를 뒤돌아보며 선생님의 위대한 문학 혼을 다시 한번 기려본다. 선생님의 평안한 영면을 기원드린다.

할머니의 늦깎이 사랑 봄빛 블루스(blues)

　오늘도 변함없이 북한강의 푸른 물결이 넘실거리며 한강을 향해 유유히 흘러내린다. 전동열차가 바람처럼 내 달리고 창가로 비쳐 드는 오월의 산천초목이 유달리 푸르러 보인다.
　가평역 개찰구를 빠져나와 광장에 들어서자 단아한 옷차림의 할머니 한 분이 나에게 길을 묻는다. 할머니의 행선지와 나의 목적지가 같았다. 옅은 화장기에 주름 깊은 얼굴이지만 온화한 모습에 노인으로서의 기품과 연륜의 품위가 배어 있었다. 갑자기 할머니에 대한 궁금증이 일었다. 버스를 기다리면서 짧은 시간이지만 많은 대화를 나누었다.
　할머니는 긴 한숨을 내쉬더니 봄빛 같은 늦깎이 사랑 이야기를 펼쳐놓으신다. 남편은 40여 년 전에 돌아가셨고 힘들게 자식들 키워 모두 떠나보내고 나니 갑작스럽게 외로움이 몰려들었다고 한다. 밤이 되면 물밀듯 밀려드는 고독을 홀로 달래가면서 자신의 업보인 양 숙명처럼 살아왔다.

어느 날 인물이 수려한 팔십 대 중반의 노신사를 운명처럼 만나게 되었다. 그는 한평생을 제약회사 연구원으로 지냈다고 한다. 만나는 횟수가 늘어나면서 서로가 서로에게 남다른 감정이 솟았고 허물없이 잠 자리를 같이 하는 사이가 되었다.

그 영감님은 자신은 총각이나 다를 바 없다고 했단다. 예전 부인이 살아 있을 때도 부부관계는 전무하다 시피 생활했다고 한다. 수십 년간 결혼생활을 통해서 부인과 딱 세 번 사랑을 한 것이 전부이고 합궁(合宮) 때마다 묘하게도 아이들이 태어났다고 한다.

나는 그 이야기를 듣고 "어떻게 그렇게 때를 맞추어 하늘이 아이들을 점지해 주셨대요? 그게 말이 돼요?" 그래도 할머니는 그의 말을 믿고 싶었던 모양이다. 할머니의 가슴에는 큐피드(cupid)의 화살이 사랑이라는 이름으로 깊이 박혀 있었다.

할머니는 이어서 그 영감의 얘기를 믿을 수밖에 없었던 신화(神話) 같은 얘기를 들려주신다. 참으로 기이하고 처음 들어보는 별난 얘기였다.

결혼 후 부인은 남편이 옆에만 오면 질색을 했다. 나이 드신 홀어머니는 늘 손주 걱정을 하고 있었지만 5년이란 세월이 지나도 태기가 없었다. 종갓집의 장손으로 고민만 깊어져 가던 그는 어느 날 늙은 어머니에게 모든 사실을 털어놓았다. 얘기를 듣고 난 노모께서 불같이 화를 내시면서 왜 진작 얘기를 않고 이제 서야 하느냐며 지금부터는 무조건 내 시키는 대로 하라며 아들을 윽박질렀다.

며느리의 월경이 끝나는 날 삼 일 후, 그날은 무슨 수를 써서라도 손주를 볼 수 있도록 합궁이 되어야 한다고 했다. 노모께서는 며느리의 질(膣)이 협소하여 관계가 어렵다는 사실을 눈치 채셨던 모양이다.

드디어 기다리던 날 밤 늙으신 어머니가 방문 밖에서 부부의 동정을 살피던 중 마침내 여인의 고통스러운 신음 소리가 문틈으로 새어 나왔다. 그 순간 노모는 쏜살같이 뛰어 들어가 있는 힘을 다하여 며느리의 사타구니를 최대한 벌리어 통증(痛症)이 줄어들도록 해주었다.

어머니의 눈물겨운 손주 사랑에 힘입어 남자는 수치심도 잊은 채 노모 앞에서 부인과 모처럼의 합궁을 끝낼 수 있었고 그 후 바로 임신이 되었다고 한다.

그 뒤로도 노모의 물불 안 가리는 피치 못할 도움 속에 딱 두 번 더 부인과 동침의 기회가 있었다. 영감은 자식들을 볼 때마다 어머니께 연약하고 부끄러운 자신의 모습을 보여드려 너무 죄송하고 뵐 면목이 없다고 했다. 지금도 하늘나라에 가신 노모의 끝없는 자식 사랑의 은덕을 기리며 살아가고 있다고 한다.

나는 그 얘기를 듣고 폭소(爆笑)를 금할 수가 없있다. 할머니께 다시 한번 여쭈어보았다. "할머니 그 말이 진실이라고 믿어지세요?" 그렇지만 이미 할머니의 마음은 사랑이라는 콩깍지가 씌워도 너무 깊고 단단하게 쐬어 있었다. "할머니! 남자는 젊으나 늙으나 다 늑대라는 대요" 웃음 속에 던진 그 한마디 외에 나로서는 도움이 되어 드릴수 있는 얘기가 특별히 없었다.

할머니가 또다시 한번 깊은 한숨을 내어 쉰다. 영감님께서 삼일 전에 가슴에 통증이 심하다고 전화를 한 후 계속 통화가 안 된다고 하신다. 그러다 어젯밤 마지막으로 통화가 된 것이 "이 전화는 차단 되어있는 번호입니다" 하는 기계음만 들려왔다고 한다. 영감이 죽었는지 살았는지 혹시 병원에 입원해 있는 것은 아닌지 알 수가 없어 속이 타 오늘 급히 찾아가는 길이라고 한다.

갖고 있는 것이라고는 휴대폰 속 별장 모습의 궁전 같은 사진 한 장이 전부였다. 혹시나 하는 마음으로 남이섬 주차장 관리원들에게 사진을 보여주니 강변 따라 그와 비슷한 건물이 수십 채가 넘는다며 서울 바닥서 김 서방 찾는 격이라고 고개를 절레절레 흔든다.

'할머니 집에 가서 기다려 보세요. 혹시 영감님이 완쾌되시면 바로 할머니한테 전화하시겠지요.' 하니 그래도 죽었는지 살았는지 너무 궁금해 잠시도 마음을 못 놓겠다며 불안한 마음을 내비친다.

어느덧 해는 서녘으로 기울 건만 할머니는 아직도 미련을 버리지 못한 채 오고 가는 사람들에게 휴대폰 속 사진을 묻고 또 물으며 처진 어깨로 힘없이 강변을 걸으신다. 점점 멀어져 가는 팔순 할머니의 쓸쓸한 뒷모습이 처연하고도 애처롭다.

사랑의 힘이란 무엇일까? '비록 나이 들어서 머리는 백발이지만 노인들에게도 저렇게 애틋하고 살가운 사랑이 잠재해 있었구나' 하는 마음에 가슴이 먹먹해진다. 자신보다 할아버지를 더 걱정하고 더 염려하는 할머니의 애절한 마음이 흰 눈처럼 순백

하고 고와 보였다.

"할머니! 영감님 꼭 찾아서 항상 건강하시고 행복하게 사세요."
마음속으로 기원을 드려본다. 아직도 저 연세에 누군가를 그리워하고 사랑한다는 것이 측은하면서도 아름답다.

산마루의 석양빛이 돌아서는 나그네의 머리 위로 마지막 열정을 불태우듯 뜨겁게 쏟아져 내린다. 마치 붉게 물든 태양이 '지극히도 뜨겁고 지독히도 아픈 열병(熱病) 같은 할머니의 사랑을 너는 평생에 한 번이라도 해본 적이 있느냐?' 매섭게 질책하며 묻고 있는 것만 같았다.

삼총사(三銃士)와 소양강의 인연(因緣)

참으로 까마득한 세월이다. 아마도 우리 세대는 극과 극의 두 세대를 아울러서 함께 살아온 느낌이다. 자랄 때는 헐벗고 굶주린 세월을 감당하기가 어려울 지경이었다.

한두 끼 굶는 것은 예사였고 학교에서 배급 주던 분유마저 떨어지면 산으로 들로 쫓아다니며 초근목피로 목숨을 부지하다시피 했었다. 그도 모자라면 막걸리 양조장의 술지게미가 밥상을 대신했고 그것도 없으면 소주 공장의 모주라는 꿀꿀이 죽으로 하루하루를 연명하였다.

효자동과 운교동 사이 언덕배기 부근에는 춘천에서 유일한 녹향 소주 공장이 있었다. 지금도 어렴풋이 기억이 난다. 목이 긴 소주병 상표에는 양옆으로 나뭇가지처럼 사슴뿔이 멋지게 솟은 수사슴이 그려져 있었다.

소주 공장에서는 오후 저녁 무렵이면 땅속 깊이 묻힌 둥근 관을 통해서 술 제조 후 나머지 찌꺼기인 모주라는 것을 도랑으로 흘려보냈다. 그럴 때면 주변에서 바가지나 양재기나 양철통을 지니고 있다가 일시에 모여들면서 긴 줄을 만든다. 소주를 만들고 남은 찌꺼기가 하수관을 따라 꿀꺽꿀꺽 대며 흘러내리는 것이다.

짙고 검은 팥죽 색깔에 약간 걸쭉한 그것을 한 바가지씩 받아와 한 끼의 식사로 대신하기도 했었다. 먹고 나면 얼굴이 붉어지고 몸이 후끈후끈 달아오르면서 확확 술 냄새가 식구들 모두의 입에서 풍기기도 했었다.

그런 모진 세월을 견디며 성장한 세대가 지금 칠십(70)대 초반에서 종반의 나이를 먹은 노년의 연령층이다. 힘들고 고통스러운 세월을 온몸으로 버티어냈고 국가 경제 발전에 몸 바쳐 기여한 눈물겨운 세대들이다. 지금은 뒤늦게나마 우리나라 유사 이래 가장 풍요롭고 여유로운 세월을 맞아 어려움을 잊은 채 살고 있는것이다.

집안이 가난하다 보니 어린 나이에 생활전선에 뛰어들어야 했었다. 사람이 살아가면서 마음이 수시로 변하고 간사해지는 모양이다. 지금 다시 그 세월로 돌아가라면 아마도 못 돌아갈 것만 같다. 돌아간다 하여도 쉽게 적응이 안 되어 삶의 날개를 펴기가 힘들 것 같다.

우리 속담에 "친구 따라 강남 간다"고 했다. 나에게도 삼총사라는 막역한 친구들이 있었다. 경상도 마산 친구(김ㅇ권)는 시내 중심가에 자리한 관공서에서 일일 고용원으로 일을 했고, 역시 경상도 안동 친구(송ㅇ삼)는 학습지 관리사무실 직원으로 근무를 했다.

나 또한 고향이 충청도 청주로서 봉의산 아래 작은 운수회사의 일일 고용직으로 취업이 되어 주경야독(晝耕夜讀)의 생활을 하며 어렵게 살아갔다. 말이 일일 고용원이지 하는 일은 아침 일찍이 출근하여 사무실 청소와 회사 서류를 곳곳으로 배달하고 받아오는 잔심부름꾼이었다.

우리 셋은 의기투합하여 삼국지 도원의 결의를 따라 의형제를 맺고 어떻게든 가난을 벗어나자고 맹세했다. 봉의산에 올라 유유히 흘러내리는 소양강을 바라보며 호연지기를 키웠고 마음을 다지며 삶의 고통과 세상살이의 아픔을 푸른 물결 위로 말없이 흘려보냈다.

때로는 중앙시장 뒤쪽을 찾아 들어가 대포 잔으로 막걸리를 마시면서 현실을 원망하고 사회를 향해 울분을 토해내기도 했다. 그런 가운데서도 항상 책을 가까이하고 시간이 나면 공부에 전념했다. 모르는 것이 있으면 서로 알려주고 같이 끌고 밀어주면서 열심히 학업에 열중하였다.

이 세상에 태어난 지상의 과제가 어떻게 해서든지 이 어둡고 지겨운 가난의 현실을 탈피하고 남들처럼 떳떳하게 살아보는 것이었다.

어느 한 해는 공무원 시험을 보러 관공서에서 일하는 마산 친구와 서울을 같이 올라갔다. 간신히 차비 정도만 마련하여 올라가긴 했어도 잠잘 곳이 없었다. 서울의 도심 한복판 어느 여고 철문 앞에서 등을 맞대고 둘이 쭈그리고 밤을 새웠다.

이미 계절은 10월 중순을 지나고 있었다. 밤이 되니 기온이 내려가 초가을 차가운 밤바람이 반소매 남방셔츠 안으로 파고 들 때는 스산함에 자다가도 번뜩번뜩 잠에서 깨곤 하였다. 잠깐 눈을 붙이던 중 뭔가 따뜻하면서도 부드러운 것이 철문 밑을 통해서 우리들의 몸을 자꾸 쓰다듬듯 비벼댄다. 엉겁결에 눈을 떠 보니 엄청난 크기의 고양이가 긴 꼬리로 우리들의 몸을 휘저어 대고 있었다. 둘은 자다 놀라 기겁을 한 채 방향도 없이 죽어라 하고 어둠 속을 내 달렸다.

그렇게 밤거리를 헤매다 새벽녘 포장마차에 들려 아침 겸해서 오뎅(어묵) 국물로 한 끼 식사를 때웠다. 시험장을 찾아가는 시내버스 뒷좌석에 앉자마자 쏟아지는 잠을 어쩌지 못하고 고개를 떨궜다.

어디쯤 갔을까? 잠결에 고양이 모습이 다시 떠올라 기겁을 하고 헛소리를 지르다 꿈에서 깨었다. 버스 안의 모든 사람들의 시선이 우리에게 집중을 한다. 어디 쥐구멍이라도 있으면 숨고 싶은 심정이었다. 그래도 시간 늦지 않게 동국대학교 시험장에 도착하여 각자의 수험실을 찾아 들어갔다.

그렇게 밤잠을 못 자며 수개월간 준비한 시험을 치르건만 어떻게 그 시간을 보냈는지 생각도 나지 않을 정도로 졸음이 쏟아져 내렸다. 문제지를 앞에 놓고 졸다 깨다 하면서 시험을 봤으니 그 성적이 오죽하였을까? 그 친구 역시 시험장을 나오면서 하는 말이 "자다 시간 다 뺏겼다"고 했다. 결과는 뻔하였다. 그 친구나 나나 보기 좋게 낙방을 하였다.

그래도 우리는 포기하지 않고 열심히 다시 도전을 했다. 내가 제일 먼저 강원도 지방공무원 시험에 합격을 하게 되었고 뒤이어 경상도 친구 둘도 교육청 일반 행정적 시험에 합격하였다. 그때 서로 독려 차원에서 시험에 합격하는 차례대로 형제의 순서를 정하기로 했었다. 그러다 보니 실지 나이로는 제일 아래인 내가 맏형이 되어버렸고 마산 친구가 둘째가 되었고 안동 친구가 막내가 되어버렸다.

 막내 동생이 된 안동 친구와 나는 술을 좋아하다 보니 만남이 잦았고 그러다 보니 둘만이 아는 비밀의 추억 하나가 아직도 가슴속에 숨겨져 있다. 예전 통행금지가 있던 시절 늦게까지 소양로 서부시장 주점에서 같이 술을 먹다 통금에 걸려 소양 1교 부근의 파출소로 연행되었다. 어쩔 수 없이 통행금지 위반 경범죄로 경찰버스를 타고 법원까지 가야 할 판국이었다. 그 순간 안동 친구의 기발하고 엉뚱한 임기응변으로 위기 속에서 파출소를 무사히 빠져나올 수가 있었다. 그 이후부터 그 친구가 그렇게 대단해 보이고 우러러보일 수가 없었다.

 그 후로 세월이 한참 흘러 집이 마산인 친구는 고향을 찾아 내려가 그 지역 관내 학교에서 명예롭게 정년 퇴임을 하였다. 어느새 아이들도 성장하여 모두 출가시키고 평안한 마음으로 노후의 세월을 보내고 있다.
 경상도 안동 친구 역시 공무원 생활을 알차게 마치고 명예롭게 퇴직하여 행복한 생활을 영위하고 있다.
 특히 안동 친구는 자식들 모두를 봄내(春川)에서 학교를 보내는 등 이곳 지역에 뿌리를 박고 제2의 고향인 춘천을 누구보다도 더 사랑하며 살아간다. 나 역시 공직을 퇴직하여 이 고장에서 나머지 후반기 인생을 보내고 있다.

삶의 강이란 뒤 돌아보면 시원을 알 수 없는 곳에서 시작하여 끝을 알 수 없는 곳으로 쉬임 없이 흘러간다. 어느새 인생 칠십 고래희(古來稀)를 훌쩍 넘긴 나이들이 되었다.

먼 훗날 팔순이 되고 구십이 되면 그때마다 우리 삼총사 다시 만나서 지난 옛 시절 이야기하면서 사심 없이 세월을 보내고 싶다. 보고 싶다. 멀리 떠나 살고 있는 친구도 그립다.

삶의 잠언에 "역천자는 망이요 순천자는 흥이라" 했다. 늦은 감은 있지만 이제라도 천명인 하늘의 뜻을 따라 형님 자리도 원래대로 되돌려주고 세월의 순리대로 막내 자리로 돌아서야 할 것 같다.

그 간 몸에 맞지도 않는 옷을 걸치고 형 노릇도 제대로 못 하고 욕심만 부린 것만 같아 면구스럽기 짝이 없다. 친구들의 하해 같은 아량으로 그간의 잘못과 부족한 점 관용을 바라며 맏형의 옷을 벗어 놓는다. 삼총사 모두의 건강과 가정의 행복을 기원하면서…

(삼총사 : 좌로부터 송낙삼, 김일권, 조세증 순서. 평창 진부 초임발령 기념. 1968.05.10.)

3부
월남 처녀에게 새장가 가는 행복한 남자

월남 처녀에게 새장가 가는 행복한 남자

친구들이나 이웃들이 나의 꿈에 예지력이 있다고 한다. 꿈을 꾸면 비슷한 사안이 다음날 나에게 닥치거나 주변에서 그런 현상을 보게 된다. 몇 년 전 꿈 한번 잘못 꿔 한때나마 집안 식구들한테 미움을 단단히 받은 적도 있었다.

가족들이 해외여행을 떠나기 이틀 전날 밤 꿈속에서 갑자기 지진 현상이 일어나는 등 눈앞에 벌어지는 광경이 너무도 참혹해서 두려움과 공포 그 자체였다. 참으로 불길하기 그지없는 흉측한 꿈이었다. 그때 가장(家長)의 심정은 어떻게든 가족들의 안전을 지켜 주어야 하겠다는 일념 하나뿐이었다.

상당액의 금전이 위약금으로 손해를 보겠지만 가족들의 안위를 위해 내일 예정된 여행계획을 취소하는 방향으로 얘기를 풀어나갔다. 해외여행에 들떠있던 식구들의 마음이 갑자기 불만과 불평으로 휩싸이고 집안의 분위기가 하루 종일 엉망진창이 되어버렸다.

침울한 분위기 속에 밤 10시가 훨씬 넘어섰는데 그날따라 미처 다 읽지 못하고 거실에 처박아 두었던 신문들이 눈에 들어온다. 휴지 조각처럼 구겨진 신문지 앞뒤를 훑어보며 이곳저곳을 한참 뒤적이다 보니 한쪽 귀퉁이에 「제주도에서 쓰나미(해일) 현상이 발생해 10여 가구가 한순간 물속에 잠겼다」라는 기사가 실려 있었다. 결국은 이 내용을 읽으려고 그 흉한 꿈을 꾸었던 모양이다.

그간에 경험 측에 비추어 보면 틀림없는 꿈땜이었다. 악몽 때문에 풀이 죽어 있던 집안의 분위기가 꿈땜이라는 그 말 한마디에 다시 환한 웃음꽃이 피어나며 분위기가 살아난다. 포기했던 내일의 여행 준비를 다시 챙기느라 집사람과 딸아이가 밤늦게까지 분주를 떨어댄다. 딸아이가 곱지 않은 시선으로 눈을 흘긴다. 아빠는 왜 그런 엉뚱한 꿈을 꾸어가지고... 며칠 후에 가족들이 해외 나들이를 무사히 끝내고 건강한 모습으로 귀국을 하였다.

1998.4.10 그날 새벽녘 꿈속에서 이 세상에 머물러 있을 그 시한(時限)을 날짜와 시간까지 또렷하게 계시를 받았다. 예전에 한 직장에서 모시고 있던 분이었다. 그분은 철저한 크리스천이었고 이미 돌아가신 지가 상당히 되었다.

꽃이 만발하고 푸른 잔디가 끝없이 펼쳐진 에덴동산이었다. 푸른 하늘을 흰 구름을 타고 몇 번 선회하더니 그림처럼 내려앉는다. 흰 도복에 하얀 수염이 바람에 흩날린다. 꿈에서 깨어 날짜 계산을 해보니 2018. 4. 10 이었고 칠십 풍상을 지내고 난 고희(古稀)의 세월이었다. 나의 모든 생활 기준을 그 날을 종착

역으로 하여 생명보험과 각종 금융 건의 기간을 연장하는 등 나름대로 사전조치를 해 놓았다.

그러던 어느 날 세월이 많이 흐른 후 다시 꿈속에서 삶의 기한이 연장된 새로운 계시를 받았다. 새벽녘 꿈에 생존해 계시는 지인께서 나와 함께 길을 걸으면서 하는 말이「조세증씨의 삶이 지금부터 딱 ☆☆년 남았는데 현재도 정갈하게 살고 있지만... 좀 더 정갈하게 살아가 주었으면 좋겠어」꿈속에서 깨어나 앞으로 다시 살아가야 할 날짜를 계산해 보니 팔순을 훨씬 지낸 이후의 세월이다.

최근 발표된 한국인의 기대수명이 여성이 85.2년 남성이 79.0년이다 (2015년도 기준) 그러고 보니 우리나라 국민들의 평균수명보다는 지구상에 더 오래 머무를 수 있는 생존시간이다.

그날 이후로부터 새로운 고민이 생겼다. 좀 더 정갈하게 살아가 주었으면 좋겠다는 의미와 그 속에 담긴 깊은 뜻이 무엇일까? 그뿐이 아니었다. 그동안 보험 등 모든 것이 1차 삶의 시한을 종점으로 대비해 놓았기 때문이다.

「탄생은 곧 죽음을 기약한 죽음의 탄생이라는 것도 알더냐? 이것이 생명의 본질이다」김동리 선생님의 원작 등신불 영화에서 나오는 이야기 중의 한 구절이다. 인간은 태어나면서부터 죽음이라는 목표를 향해 쉼 없이 달려가는 슬픈 숙명을 타고난 생명체인 모양이다.

노후에 질병으로 자식들한테 누가 될까 제일 큰 걱정거리이다. 옛 선현께서 말씀하신「유비무환~有備無患」한 구절이 머릿속을 맴돈다. 귀찮고 번거롭지만 불확실한 시대를 대비해 변경된 2차 삶의 기한으로 모든 것을 고쳐놓고 다시 새롭게 시작해야만 할 것 같다.

기왕에 꿈 얘기가 나왔으니 아주 최근에 겪은 것 한 가지만 더 소개코자 한다. 어느 날 밤 꿈에 내가 월남 여인을 만나서 처녀장가를 가게 되었다. 생시라면 상상도 못 할 일인데 이상하게 집사람도 나를 사랑하면서도 이혼을 허락하였고 나 역시 집사람을 애틋하게 생각하면서도 월남 처녀 쪽과의 결혼을 마음속에 굳혔다.

월남까지 날아가 처가 쪽 식구들의 환대를 성대하게 받았다. 처가 될 사람의 얼굴이 앳되어 보였고 햇볕에 약간 그을린 건강한 피부에 중간키 정도로 몸매가 날씬하고 귀엽게 생겼다. 장모님도 몹시 정이 많고 처남들도 무척 나를 잘 대해주었다. 뭐 하나 부족한 것이 없었다. 멀리서 사위가 왔다고 아주 알이 단단히 밴 게장국을 음식점에 특별히 주문하신다.

마음이 편치를 않으면서도 「그래 나도 이제는 좀 편히 대접 좀 받고 살아보자」라는 그간에 감춰두었던 내 마음의 못 된 속내가 은연중에 나타난다. 그러면서도 집에 함께 살고 있던 손녀딸의 재롱을 이역만리라 이제는 영원히 볼 수가 없겠구나 생각이 드니 갑자기 우울하고 쓸쓸해진다.

한참을 침울한 기운에 빠져있다가 「아, 내가 다시 한국에 나가 살면 되지. 그러면 손녀딸의 재롱도 마음껏 보고 이혼한 집사람도 가끔 만나면 되겠구나」 거기까지 생각이 미치니 얼어붙었던 마음이 봄바람에 눈 녹듯이 사라진다.

 하늘이 내려주신 내 인생 최대의 행복한 순간이 눈앞에 다가오고 있었다. 꿩 먹고 알 먹고 두 여인을 오가며 사랑을 나눌 생각만 해도 가슴이 두근거리고 온몸이 벅찬 환희와 전율로 뜨겁게 용솟음 쳐 온다. 혼자 흐뭇해하며 준비된 식당으로 가려고 새로 마련한 군대용 전투화를 신고 일어나다가 아쉽게도 꿈에서 깼다. 기분이 묘한 요상하기 짝이 없는 꿈이었다.

 이제까지 살아오면서 월남 땅 근처에는 얼씬도 못 해본 사람인데 어쩌다가 월남 처녀를 아내로 맞아들였는지… 그간에 살아오면서 마음에 새겨둔 여인을 꿈속에서 남몰래 사랑을 한 적은 있어도 이렇게 다른 여자와 내놓고 공개적으로 재혼을 하는 꿈은 난생처음이었다.

 참으로 대통령도, 재벌도 부럽지 않은, 정말로 내게는 놓치고 싶지 않은 일생일대의 처음 맞이하는 행운의 꿈이었다. 뭔가 좋은 일이 생길 것 같아 은근히 기대되는 하루였다.

 이른 새벽 아침 해가 뜨기도 전부터 아내가 목소리를 높여가며 재촉을 해댄다. 성화에 못 이겨 동내 인근 화원에 들려 꽃다발 한속을 준비했다. 이내의 손목에 이끌리다시피 해 찾아간 곳은 시내 모처에 자리하고 있는 ☆☆유아 사립학원 시설이었다. 손녀딸이 2년간 이곳 학원을 다니다 최근에 졸업을 하였다. 뒤늦었지만 그간 수고하신 원장 선생님을 찾아뵙고 고맙다는 인사말과 함께 꽃다발을 전해드렸다.

 원장 선생님의 고운 얼굴이 더욱 환해 보인다. 성격도 활달하고 좋으셨지만 엄청난 미인이신 데다가 아름다운 에스(s)라인의 매력적이고 고혹적인 몸매를 지닌 젊은 여성분이었다.

　이런 일을 겪으려고 그런 엄청난 꿈을 꾸었던 모양이다. 다가서지 못할 현실 앞에서 또 한 번의 좌절을 맛보며 돌아서는 발길에 원장 선생님 아니 30대 중반의 원숙한 여인의 환한 웃음이 자꾸 눈가에 어른거린다.

　올라갈 수 없는 나무를 왜 보여주셨는지 하늘의 뜻이 몹시 궁금하면서도 또 한편으로는 비록 꿈속이었지만 처녀장가를 한 번 더 갔으니 그렇게 탓할 꿈만도 아닌 것 같다.

　내 마음속 어딘가에는 나도 모르는 또 하나의 양상군자(梁上君子:도둑) 심보가 숨겨진 채 같이 살아가고 있는 것 같다. 그러기에 꿈속에서조차 지인께서 좀 더 정갈하게 남은 세월 살아가라고 당부하셨던 모양이다.

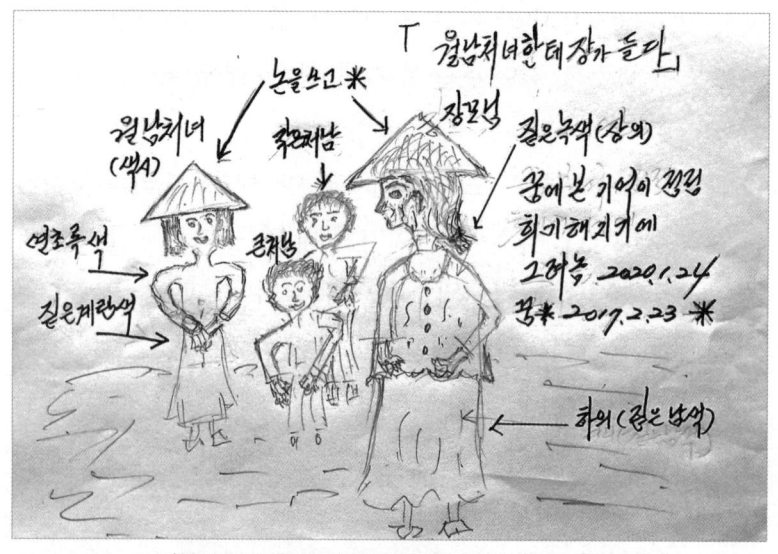

(월남처녀와 결혼. 처갓집 식구들. 2017. 02. 23 꿈)

어머니의 눈물

 나의 어머니는 우리 7남매를 낳아 키우셨다. 젊어서는 엄격한 유교적 가풍에서 한 가족의 며느리로서, 한 남편의 아내로서, 자식들의 어머니로서, 한 가정의 살림까지 책임져야 하는 1인 4역을 해내면서 힘들게 자식들을 길러 내셨다.
 어머니가 이 세상을 떠나신 지도 어언 20여 년의 세월이 훨씬 넘는다. 참으로 무심한 것이 세월의 흐름이다. 어머니는 많은 아픔과 고통과 혼란스러운 시대를 살아오셨다. 일제 강점기 때는 만주로 건너가셔서 갖은 고생을 다 하시다 잠시 귀국 중에 해방을 맞이하였다.
 다시 민족상잔의 6·25 사변 속에서 궁핍과 전쟁의 참화를 몸소 겪은 거친 폭풍 속 칠흑 같은 삶이었다. 전화(戰禍)의 상처로 먹을 것이 턱없이 부족했던 시기에도 어머니는 억척같이 자식들을 지켜내고 키워오셨다.
 수십 년이 지난 아직 까지도 나의 머릿속에는 돌이킬 수 없는 마음 아픈 사건이 가슴속에 자리하고 있다. 철부지 시절 철없이 행동했던 그 생각이 떠오르면 지금도 씻을 수 없는 후회의 눈물이 앞을 가리고 가슴이 미어진다.

어머니는 멀리 외지에 나가 있는 아버지를 대신하여 생활을 꾸려 가셨다. 때로는 시내 변두리에 유랑극단이 내려오면 찹쌀떡과 꽈배기 한 소쿠리를 머리에 이시고 과일 한 상자를 등짐을 지으시며 이곳저곳을 배회하면서 파시기도 하였다. 그나마 일이 떨어지면 깊은 산속으로 다니시면서 나물을 채취하고 솔가지를 긁어모아 나뭇단을 만들어 장에 내다 팔기도 하셨다.

한때는 가족의 생계를 위해 무심천 제방 아래 어느 부유한 가정의 집 안 청소와 잡다한 일을 맡아 살림을 꾸려 나가시기도 했다. 하루 진종일 일에 치이다 저녁이 되어서야 피곤한 몸으로 어린것들 먹일 찬밥 몇 덩어리를 보자기에 싸서 갖고 오셨다. 자식들은 그때만 해도 어머니의 깊은 한숨과 고단함을 몰랐었다.

국민(초등)학교 입학식 날 어머니 손을 잡고 청주 석교 국민학교 교문을 들어섰다. 학교 마당이 한없이 넓어 보였다. 선생님의 구령에 맞춰 줄을 서고 교장선생님의 말씀을 들으면서 입학식을 마쳤다. 그 학교 교정 안에는 수령이 몇백 년 된 아름드리 느티나무들이 운동장 곳곳에 자리 잡고 있었다. 그 순간에도 마당 안 느티나무 아래 어머니의 얼굴이 안 보이면 그렇게 불안할 수가 없었다.

그러던 어느 날 어머니가 좀 헐고 낡은 통가죽 어깨걸이 책가방 하나를 일손을 도와주던 집에서 얻어 오셨다. 망가진 곳은 없었고 겉에는 짙은 누런 색깔에 토끼 그림이 낙인찍히듯 묵직하게 눌려 찍혀 있었다. 그 당시는 그런 가방을 맬 수 있는 학생은 전교에서도 손을 꼽을 정도로 귀한 물건이었다.

대부분의 남자 아이들은 보자기에 책을 싸서 어깨에서 허리로 비스듬히 걸쳐 매고 다녔고 여자아이들은 허리에 잡아매고 다녔었다. 다음날 어머니가 챙겨주는 어깨 책가방을 둘러메고 학교 문을 들어섰다. 주변에서 무척 부러운 시선으로 쳐다보고 있는 것만 같았다.

그렇게 우쭐대며 며칠을 잘 메고 다니던 중 하루는 상급생인 남학생이 자기 친구들에게 한마디 던지는 얘기를 들었다. "어~ 저거 내가 쓰던 가방 아니야? 쟤 내가 버린 가방 주워 메고 다니네" 하는 말이 어렴풋이 내 귀에 들려왔다.

그 순간 자신만만하던 내 모습은 일시에 쪼그라들고 말았다. 얼굴이 화끈거리며 그날의 수업을 어떻게 받았는지 생각조차 안 날 정도로 충격이 컸었다. 어린 마음에 정말 울고 싶었다. 수업이 끝나서도 너무 창피하여 친구들과 같이 갈 엄두가 나지를 않았다.

먼저 교문을 삐져나와 골목길로 해서 거의 뛰다시피 해서 집으로 왔다. 방문을 들어서자마자 어깨 위의 가방을 방바닥에 팽개치고 한없이 울었다. 너무도 자존심이 상했다. 해가 저물 때 좀 해서 어머니가 오셨다.

방을 들어서면서 자식의 눈이 퉁퉁 부어 있는 것을 보시고 깜짝 놀라며 무슨 일이 있었냐고 다급하게 물으신다. 나는 대답

대신 어머니 앞에 또다시 가방을 팽개치고 말았다. "다시는 이
것 안 메고 다닐 거야. 애들이 거지라고 놀려댄단 말이야."
　말을 뱉어놓기 무섭게 문을 박차고 뛰어나갔다. 달빛에 어려
흘러가는 청주 시내 무심천을 바라보며 제방에 앉아서 한없이
울고 또 울었다. 목이 메어 한참을 울고 있는데 누군가 어깨를
감싸주는 손길이 있었다. 어느새 어머니가 뒤따라와서 우는 자
식의 어깨를 포근히 감싸주고 있었다. 어둠 속에서 어머니의 눈
에도 눈물이 흐르고 있었다.
　어머니의 눈물을 처음 보는 순간이었다. 그간에 살아오면서
나의 어머니는 이 세상 누구보다도 강하고 힘이 세고 못하는 것
이 없는 분으로 알고 있었다. 수십 년이 지났건만 아직도 그때
어머니의 포근하고 따뜻했던 손길이 생생하게 느껴지면서, 한편
으로는 지워지지 않는 평생의 불효로 남아 오늘까지도 가슴을
아리게 만든다.

　그 후에 또 한 번 어머니가 눈물을 보인 것은 1960년대 초반
춘천에 전 가족이 아버지를 따라 삶의 터전을 옮긴 후의 일이었다.
어느 날인가 하루는 작은형이 어머니에게 하얀 운동화를 사달
라고 조르고, 어머니는 다음에 사주겠다고 형을 달래고 있는 것
같았다. 당시의 형편으로는 운동화 한 켤레 사는 것조차 힘든
상황이었다. 순간 작은형의 얼굴이 눈물범벅이 되어 집을 뛰쳐
나갔고 그 뒤로 온데간데없이 사라졌다.
　온 집안이 발칵 뒤집혀 난리가 났지만 벌써 안보인지가 이틀이
넘는다. 어머니는 어린 막내를 등에 업고 내 손을 붙들고 먼 길을

걸어서 소양강 옛 다리를 찾아갔다.

　다리 위에서 흐르는 강물을 내려다보며 대답 없는 아들의 이름을 애타게 부르며 눈물을 훔치시던 어머님의 절망에 젖은 슬픈 모습을 또 한 번 보았다. 어머니는 다리난간을 붙들고 눈에 보이지 않는 자식의 모습을 푸른 물살 속에서 찾고 계셨다.

　그렇게 한참을 울고 계시던 어머니께서는 힘없이 일어나시더니 지금의 후평동 공단이 자리하고 있는 쪽으로 걸음을 옮겨 봉의산 뒤쪽을 샅샅이 뒤지기 시작했다. 그때만 해도 길조차 제대로 없는 깊은 산 속이었다.

　키를 넘는 나무숲을 헤치며 해질 녘까지 전부 뒤졌다. 하루 진종일 작은형을 찾아 강과 산을 헤매고 다녔지만, 드문드문 과수원과 민가 몇 채와 밭만 보였을 뿐 아무 흔적도 발견할 수가 없었다.

　다음날도 자식 걱정에 노심초사하던 중 찌그러진 대문이 삐거덕 소리를 내면서 초라한 모습으로 작은형이 흙투성이 얼굴을 내밀고 집안으로 들어섰다. 그때 또 한 번 어머니의 울음소리가 들려왔다. 며칠간 어디서 지냈는지 퀭한 눈으로 때에 잔뜩 절은 행색을 한 채 들어온 자식의 조그만 등을 어루만지면서 끝없이 흐느껴 우시던 어머니의 모습이 눈에 선하다.

　소양강의 거친 물결 다리난간 위에서는 자식을 잃은 슬픔과 서러움의 눈물이었고 지금은 자식의 생환을 반기는 한없는 기쁨과 환희의 눈물이었다.

　어머니께서는 이렇게 어린것들의 철없는 투정과 무모함까지도 모두 가슴으로 받아들이셨다. 그리고 자식들이 자립할 수 있도록 오늘의 발판을 만들어 주시기 위해 끝없는 사랑과 가없는 희생으로 한평생을 살아오셨다.

  자식들은 보았습니다. 어머니의 가슴 아픈 눈물을... 자식들은 알고 있습니다. 어머니의 눈물이 무엇이었는지를... 이제는 모든 시름 걱정 접으시고 평안히 영면(永眠)하소서. 자식들은 당신의 한없던 사랑을 영원히 영원히 기억할 것입니다.

머피의 법칙(Murphy's Law)과 출판 기념회

만물이 생육하고 꽃을 피우는 따사로운 봄날이다. 아파트 주변에도 요즘 들어 목련꽃과 영산홍이 한창 꽃 잔치를 벌이고 있다. 자연의 법칙은 어김없이 돌아와 봄이면 다시 꽃을 피우건만 노옹(老翁)의 황혼 녘 노을빛은 세월 따라 더욱 짙어만 간다.

한 생을 보내면서 특별하게 이루어 놓은 것 없이 범부로, 필부로 나이만 쌓여가고 있는 자신이 자꾸 작아만 보였다. 세월에 쫓기듯 누군가에게 빚을 지고 살아가고 있는 빚꾸러기가 된 것 같아 마음이 늘 축축하고 삶이 자꾸만 움츠러든다.

인간은 살아가면서 머피의 법칙(Murphy's Law: 결과가 나쁜 상황)과 샐리의 법칙(Sally's Law: 결과가 좋은 상황) 속에서 살아간다고 한다. 나에게는 샐리의 법칙보다는 머피의 법칙과 더욱 가까운 인연을 맺고 있는 모양이다. 새로운 일이나 행사만 잡히면 뭔가 보이지 않는 방해꾼이 나타나 마치 시기나 하듯 발목을 잡고 훼방을 놓아 사람을 실망 시킨다.

요번 일만해도 그렇다. 나에게 찾아든 어처구니없는 머피의 법칙이었다. 모처럼 날을 잡아 송년회 겸 나의 장편소설 「천상의 여인」 출판 기념회를 통해 그간에 살아오면서 친구들에게 여러모로 가슴에 진 빚을 조금이나마 갚고자 하는 마음이었다.

주변으로부터 대소사 소식을 들으면 청첩이 왔든 안 왔든, 연락이 왔든 안 왔든 간에 먼저 예전의 부주기를 살펴본다. 한 번이라도 신세를 진 일이 있다면 무조건 참여하였고 참여가 어려우면 부조금이라도 인편이나 송금을 통해서 갚아나갔다. 그래도 보답에는 한계가 있었다. 그 많은 친구들과 지인들한테 일일이 베풀어준 은혜에 보답한다는 것은 얼마 남지 않은 내 생(生)의 시계(時計)로는 거의 불가능했다.

마침 때맞춰서 「천상의 여인」이 완성되어 세상 빛을 보게 되었다. 상편(희망의 꽃 달빛 전설), 중편(소라의 꿈 풀빛 사랑), 하편(이별의 강 별빛 눈물)으로 이어지는 세권의 책이 출간되었기 이를 핑계 삼아 보은의 자리를 마련하였다.

거창하지는 않지만 친구들이 마음 편히 즐겁게 식사하면서 소주 한잔 기울일 수 있도록 모든 것을 준비 하였다. 신세 진 친구들에게 화환이나 금품 등을 절대 사양 해가면서 연락을 취하고 그날이 오기만을 손꼽아 기다렸다.

이번 출판 기념회를 갖는 장편소설 「천상의 여인」은 3여 년의 세월이 걸려 어렵게 마무리를 지은 나의 두 번째 작품이었다. 창작의 길이란 무(無)에서 유(有)를 만들어 내는 작업이고 홀로 외롭게 걸어가는 고독한 길이다.

앞이 안 보이는 안개 속 미로(迷路)의 길을 걸으면서 매듭을 지을 수는 있을까? 방향은 올바로 설정되어 있고 가는 길은 정도(正道)를 걸어가고 있는 것일까? 스토리의 구성은 바람직한 내용일까? 작금의 실정법과 보편적 도덕률에 어그러지는 부분은 없는 것인가? 과거와 현재와 미래가 퍼즐 맞추듯 상식적이고 역사적이며, 전후좌우가 씨줄과 날줄이 엮이듯 촘촘하고 막힘은 없는가?

끝으로 가장 중요한 것이 재미이다. 아무리 좋은 책이라도 독자가 안 읽으면 휴지 뭉치에 불과한 것이다. 진정 독자들에게 흥미를 제공할 수 있을 것인가?

하나 더 부언한다면 많은 시간을 감당해 낼 자신의 체력 관리에 문제는 없을까? 숱한 고민과 여러 가지 염려들이 번민의 똬리를 틀고 앉아 머릿속에서 한시도 떠난 적이 없었다.

어느 장르의 작품이나 다 마찬가지겠지만 특히 소설 그중에서도 장편소설의 경우는 당시의 역사적, 사회적, 지리적, 인문학적 환경, 그리고 시대적 정신 등이 더욱 무겁고 버겁게 요구되었다. 특히 작가는 자신의 작품에 대해 빛과 소금의 역할과 책임에서 영원히 벗어날 수가 없는 것이다.

행사 장소와 날짜가 잡히고 모든 준비가 잘 진행되어 가고 있었다. 그렇지만 호사다마라고 생각지도 못한 일이 터져 결국은 출판 기념회가 무산되었다. 모임을 하루 앞두고 밤늦게 그만 내 자신이 코로나 19에 감염되어 격리의 신세가 되고 말았다. 술에 장사 없듯이 이런 팬데믹(pandemic) 와중에는 독불장군이 없었던 모양이다.

　이미 차려놓은 잔치상이라 물릴 수도 연기할 수도 없는 난감한 상황이 되어 버렸다. 어차피 준비해 놓은 음식과 주류였고 예약된 일정이었다. 친구들에게 급히 전화를 걸어 출판 기념회는 생략하고 참석자들끼리라도 즐겁고 재미있는 시간을 보내줄 것을 간곡히 당부하였다. 어쩔 수 없이 주인 없는 공사가 되고 말았다.

　그렇게 해프닝으로 끝났던 출판 기념회가 수개월이 흐른 뒤 정기 모임 회의 시 친구들의 배려 속에 절차와 형식을 모두 생략한 채 간략하게 치르게 되었다. 술잔이 돌고 돌아 술기운에 모두가 무릉도원 속 신선의 나라를 거닐고 있었다.

　옆자리 친구가 허리를 쿡쿡 찔러가며 "다음 책은 언제 또 나오느냐"고 묻는다. "글쎄 지금 같아서는 코로나 무서워 못 할 것 같은데" 싱겁게 대답을 건넨다. 그러면서도 마음 한구석에서는 어느새 새로운 나비와 꽃들이 창작의 꽃밭으로 얼른 오라고 또다시 손짓을 해댄다.

　이것도 어쩌면 나에게 주어진 운명인지 모르겠다. 뿌리치지 못할 유혹이라면 즐기라고 했다. 어차피 벗어나지 못할 상황이라면 늦었지만, 문학 속에 내 인생을 묻어야만 할 것만 같다. 주어진 숙명을 거슬리지 말고 오늘도 내일도 생각하고 또 생각하면서 창작의 길을 꾸준히 걸어갈 것이다.

　그간에 여러모로 격려해 주시고 축하해 주신 모든 분들께 이 자리를 빌어 경의와 감사를 드린다.

꿈속에서 계시받은 필명(筆名)

　사람이 일상생활을 영위해 나가면서 몇 가지 이름이나 별명을 갖고 살아갈까? 옛날에는 몰라도 지금은 누구나 자신의 이름을 갖고 세상을 살아간다. 이곳저곳 관련 자료 들을 찾아보니 많은 예명과 필명을 갖고 예술 활동이나 작품 활동을 하고 계신 분들도 여러분 계셨다.
　나도 글을 쓰는 작가라고 세월을 지내다 보니 어느새 본의 아니게 이름이 세 가지가 되었다. 하나는 부모님께서 지어 주신 주민등록표상의 본명이 있고 둘은 작품 활동에 필요한 필명이다.
　집안 어른들께서는 자녀들의 성장에 따라 여러 가지 이름이나 호, 별명을 그때마다 지어 주셨다. 이 세상에 태어나면서 첫 번째 지어 주신 이름이 아명(兒名)이다. 아이가 성장하여 관례를 치를 때면 관명(冠名)을 지어 불렀다. 그 외에도 별도의 호(號)가 있고 또한 예술가에게는 예명을, 작가나 시인들에게는 필명 등이 있어 한 사람을 두고 상황에 따라 여러 이름으로 불리어지기도 했다.

　사람이 사회생활을 하면서 그 사람을 일반적으로 특정 짓는 것이 각 개인의 이름이다. 가끔가다 만약에 모든 만물에 이름이 없다면 이 세상은 어떻게 돌아갈까? 엉뚱한 생각으로 멍을 때릴 때도 있다.

　내 이름은 조세증이다. 한자로는 나라 조(趙)에 인간 세(世) 더할 증(增)자를 쓰고 있다. 부모님께서 족보를 따라 항렬에 맞추어 이름을 지어 주셨기 고래희가 넘은 나이에도 어쩔 수 없이 사용하고 있다. 내려주신 이름이 부르기 쉽고 고운 이름이라면 얼마나 좋았을까? 하지만 희망과는 달리 발음하기가 어려워 살아가면서 불편한 점이 한 두 가지가 아니었다.

　누군가는 나의 이름을 거론하면서 대한민국에서 세금을 제일 잘 내는 사람이라고 공치사를 해주는 사람도 더러 있다. 조세(租稅)를 증(証)했으니 세금을 체납 없이 완전히 납부했다고 해석을 해 듣기 좋은 말로 속마음을 풀어 준다.

　그런가 하면 관공서나 은행 등에서는 꼭 한 번 고치거나 재 칠을 해서 나의 이름 석 자를 등재 시킨다. 대부분 세종으로 제일 많이 알아듣고 그 다음이 세진 또 그다음이 세중이다. 간혹 가다가는 새준 이라는 엉뚱한 이름으로 발전하는 경우도 있었다.

　그러다 보니 장난삼아 무엄하게도 조선왕조 4대 임금이신 세종대왕의 지엄하신 이름으로 불러주는 사람도 더러 있었다. 다행스럽게도 문학모임에서는 시우(時雨)라는 이름으로 통하고 있다. 물론 이름으로 호명하는 분도 더러 있지만 친근한 분들이나 오랜 교류를 통한 문인들께서는 '시우 선생'으로 불러주어 불편 없이 문학 활동을 해왔다.

시우라는 필명은 아주 오래전 서예와 고전(古典)에 능통하시고 한학에 조예가 깊으신 지인께서 지어 주셨다. 문학 활동에 필요할 것 같다며 時雨(시우)라는 두 글자를 고운 한지에 한자(漢字)로 써서 내게 주셨다. '때를 맞추어 비를 내린다'는 좋은 뜻이라고 한다.

농경사회에서는 비가 절대적이었고 지금도 하늘이 비를 내려주셔야 농사는 물론 모든 만물이 생육할 수 있는 것이다. 때를 맞추어 내리는 비는 단비 감우 약비 등으로도 불리 우며 사람들의 일상생활에 많은 도움을 주고 있다. 나 자신도 단군성조께서 인간을 위해 펼치시던 '홍익인간'의 이념에 부합되는 뜻 같아 자부심을 갖고 소중히 여겨왔다.

그렇게 시우라는 필명으로 작품 활동을 하던 중 20XX년도 연초(1월 2일)에 꿈을 통해서「巨己瑞(거기서)」라는 필명을 다시 하나 얻게 되었다. 누군가 큰 어르신께서 조선시대 사대부의 의관을 갖추시고 붓을 들고 계시기에 내가 노드징을 두 손으로 얼른 받쳐 들었다. 얼굴은 보이지 않았으나 가로로 '클거(巨), 몸기(己), 상서러울 서(瑞)'라는 큼직한 글씨 세 글자를 붓에 먹물을 흠뻑 묻혀 힘차게 써 주셨다.

도인(道人)의 묵색창윤(墨色蒼潤)한 일필휘지의 필명을 공손히 받아 들고 물러나면서도 그분의 얼굴을 볼 수가 없었다. 도포를 거친 상체와 글씨를 써나가는 넓은 소매만이 보였다. 깨어보니 꿈이었다. 아전인수 격이지만 나름대로 해몽을 해보았다. '크게 자신을 상서롭고 영화롭게 만든다'는 뜻으로 풀이가 되었다.

그 후로 나는 또 하나의 낙관을 준비하려고 춘천학 연구소(춘천 문화원 2021)에서 발간된 '춘천인'이라는 책자에 소개된 인장의 대가라는 분을 찾아갔다. 그가 경영하는 「평화 인업사」 점포는 명성에 걸맞게 건물의 한쪽 공간에 「평화 인장 박물관」을 개설 일본 등을 비롯한 국내외의 많은 자료를 수집, 보관, 전시 운영하고 있었다.

거기서(巨己瑞) 라는 필명을 사용하면서 혹시 국내에서 같은 필명이나 이름을 쓰시는 분이 있는지 궁금해서 각종 자료를 찾아보았다. 지금까지는 인터넷 등에 똑같은 이름이나 필명이 올라와 있는 것을 찾지 못했다.

꿈속에서 어떤 분인지는 몰라도 엄숙한 분위기 속에서 아무 말씀도 없이 직접 일필휘지로 무명작가인 나에게 귀한 필명을 내려주신 분께 진심으로 고개 숙여 감사드린다.

집사람이 꿈 얘기를 듣고 한 말씀 하신다.

"어휴 조세증씨 별나! 당신 정말 그 꿈 꾼 거 맞어? 세계적인 유명 작가가 되려나 봐. 앞으로 우리 신랑 잘 모셔야 겠네... 설마 뻥 치거나 또 개꿈은 아니겠지?"

여하간에 사람 기죽이는 데는 일가견이 있다. 그래도 야슬야슬 웃으면서 톡톡 내던지는 한마디 한마디가 밉거나 싫지를 않으니 부부란 알다가도 모를 존재이다.

앞으로 필명에 누(累)가 안 되도록 몸가짐과 언행을 바로 하고 귀한 필명을 하사해 주신 분들의 기대에 어그러지지 않도록 끊임없이 창작활동에 임할 것을 이 글을 통해서 다시 한번 다짐해 본다.

봉의산의 사라진 권총바위

어린 시절 지금 의암댐이 건설되기 전의 일이다. 벌써 수십 년 전의 이야기이다. 우리 꼬마들은 한여름이 되면 소양 강변으로 향하였다. 시내에서 20여 리가 넘는 먼 길이었다. 때로는 걸어서도 갔고 때로는 시내버스를 타고 그 먼 길을 오고 갔다. 푸른 물결 위로는 도심과 강북 쪽을 연결해 주는 목제 다리가 하나 있었다. 공식 명칭은 '포니 브리지'였었다. 일명 '꺼먹다리'라고도 했다.

건설된 지 너무 오래되었기(1951년 준공) 노면 군데군데 상판이 떨어져 나가는 등 상당히 노후 된 다리였다. 자칫 잘못하다가는 빈 상판에 다리가 푹 빠져 다치거나 곤욕을 치르는 경우도 가끔 있었다.

그 당시 소양 강변 양쪽으로는 금빛 모래사장이 길게 펼쳐져 있었다. 춘천 시민들이 피서지로 많이 이용했다. 한여름이면 청춘 남녀 원색의 물결이 나부꼈다. 지금처럼 젖가슴과 주요 부위만 가리는 비키니라든가 배꼽이 나오는 수영복은 아예 생각조차 못했다. 하지만 나름대로 젊은이들이 갖은 멋을 다 내면서 자신의 아름다운 몸매를 과시하기도 했다. 주변에는 유흥업소도 상당히 있었고 관광객이나 피서객을 상대로 음식점이나 조그만 구멍가게들도 성시를 이루었다.

 봉의산 쪽을 바라보면 그곳에는 항상 권총의 형상을 한 거대한 바위가 산 중턱에 자리하고 있었다. 권총의 총열처럼 뾰족한 바위가 소양강을 바라보며 하늘을 보고 우뚝 서 있었다. 긴 총열과 짧은 총열 그리고 방아쇠 형태의 둥근 바위, 권총의 모습을 꼭 빼어 닮았다. 언제고 누구고 간에 올라가서 방아쇠만 당기면 허공을 향해 총알이 금세라도 튀어 나갈 것 같은 형상의 모습이었다.

 권총 바위 부근에서는 탄피나 총알 등이 바위틈이나 숲속에서 수시로 발견되기도 했다. 6·25 당시 북한군과 우리 아군이 소양강을 사이에 두고 치열한 전투를 벌인 곳이었다. 봉의산 중턱에는 그런 전쟁의 흔적이 곳곳에 남아있었다.
 이곳을 중심으로 민·관·군이 힘을 합쳐 북한군의 남하를 3일간(1950.6.25.~6.27) 저지하였기에 국군이 전열을 재정비하여 전세를 바꿀 수 있는 계기가 되었다고 한다. 6·25 전쟁사에 삼대 대첩 중의 한 곳으로서 치열한 전투를 벌인 곳이기에 한국전사(戰史)에서는 이곳 전투를 춘천 대첩의 빛나는 승리라고 기록하고 있다.
 또래 중에는 그림을 잘 그리는 친구가 있었다. 그는 늘 말이 없고 항상 외롭게 혼자 있었다. 다른 애들과는 달리 다리에 앉아 하얀 도화지에 봉의산을 배경으로 권총 바위 그리기를 좋아했다. 물감칠이나 크레파스 칠은 아예 없었다. 굵은 미술 연필로 자유롭게 그린 흑백의 그림이었다.

친구들이 물놀이를 끝내고 돌아갈 즈음이면 말없이 권총 바위그림을 한 장씩 나눠주곤 했었다. 우리는 그 아이를 합죽이라고 불렀다. 그는 웃을 때는 입을 꼭 앙다문 채 씩 웃기만 하기에 그런 별명이 붙여진 것이다. 그때 나도 여러 장을 받은 기억은 있었지만 지금은 한 장도 남아있는 것이 없다.

그러던 어느 해인가 장마가 심했다. 심한 폭우와 함께 비바람이 상당히 거칠었던 모양이다. 그 후에 소양 강변을 찾아가 보니 봉의산 중턱의 권총 바위가 흔적도 없이 사라졌다. 산 위에서 바위가 굴러떨어지면서 그 권총 바위를 밀어붙였다는 불확실한 얘기만이 항간에 떠돌았다. 어린 시절 늘 바라보며 꿈을 키워 왔던 권총 바위는 그 후 우리들의 가슴속에서 사라졌다.

잊혀진 것은 그립기 마련이다. 권총 바위의 존재는 이제 나의 머릿속에서만 그려지는 추억일 뿐이다. 히죽이 웃던 친구의 이름도 잊어버렸다. 그가 어디 살고 있는지도 알 수 없다. 다만 그가 그려주던 흑백의 그림만이 희미한 기억으로 남아 있을 뿐이다. 요즘도 가끔 소양강 다리를 건너면서 세월 속에 사라진 봉의산 중턱의 권총 바위가 생각이 나면 지구촌 어딘가에서 살고 있을 히죽이 웃던 친구가 그리워진다.

세월은 흐른다. 그리고 변한다. 그렇기에 오늘을 살아가는 우리들은 지금의 모습을 기록으로 남겨놓아 후세에 전하여 할 의무가 있는 것이다. 세상은 변하더라도 기록은 변하지 않는다. 그것이 기록을 남겨야 할 이유인 것이다. 봉의산 권총 바위에 관한 자료를 이곳저곳 찾아보아도 그림이나 사진이 전혀 없었다. 흔적이 너무 없기에 나 혼자만의 상상 속에서 자신만의 꿈을 꾸는 권총 바위 얘기이었나 하는 의구심까지도 들기도 했다.

그러다가 어느 날 인터넷 자료를 검색해 보았다. 강원대학 임근우 교수의 권총 바위에 대한 추억의 기록 딱 한 구절을 찾아낼 수 있었다. 사진은 없었으나 "소양 1교" 자리에 '권총 바위'라는 뾰족한 바위가 있었다. 그 밑 주변으로 포탄이나 탄피가 굉장히 많아서 또래들이 주우러 다니곤 했다." 라는 짧은 글을 발견할 수 있었다. 나만이 꿈속에서 헤매던 허상 속의 권총 바위가 아니라는 것을 이 짧은 글을 통해 확신할 수 있었다.

참으로 기록이라는 것은 우리 생활에 있어 삶의 이정표이고 역사이고 맥이라는 것을 다시 한번 절실히 느꼈다. 지면을 통해서나마 독자들에게 부탁드리고 싶다. 혹시 그 권총 바위의 그림이나 사진을 소지하고 계신 분이 있으시면 인터넷 등에 올려주시기를 간칭드린다. 지난 시절 우리 고장의 옛 모습과 정신적 문화사료가 같이 공유되어 널리 활용되었으면 하는 간절한 바람이다.

별이 빛나는 밤이다. 오늘따라 강가에서 철없이 뛰어놀던 옛 동무들이 그리워진다. 바람처럼 지나간 세월, 그 자리에는 그리움이 물결처럼 휘돌아 지금도 소리 없이 동심(童心)의 강이 흘러내린다.

세상에 이런 일도-기적 같은 운명(運命)의 만남

살다 보면 이성적으로나 논리적으로, 과학적으로 설명이 안 되는 사안들이 우리 주변에서 심심찮게 일어나는 것을 자주 볼 수 있다. 그럴 때는 만사 다 제쳐놓고 팔자소관을 대입하면 신기하게도 모든 것이 복잡한 설명 없이 간단명료하게 맞아떨어져 쉽게 결론을 지을 수 있다.

「하루를 참으면 백일이 편안하고 참고 또 참다 보면 어떤 형태로든지 시간은 지나가고 상황은 변화하게 되어있다. 또 기다리는 것이다. 고래 심줄보다 더 끈질기게 기다리다 보면 운명의 수레바퀴가 내 앞에서 언젠가는 머무를 때가 온다.」 이것이 공직 생활 30여 년을 통해 터득한 나의 운명론에 따른 삶의 법칙이고 팔자소관을 통한 경험의 철학이다.

나는 3년 전에 '강원문학(2016년 편 제48호)' 지면을 통해 '동명이인 얽히고설킨 이야기'를 기고한바 있었다. 60여 년 전에 헤어진 한 살 아래인 나와 이름이 한자(漢字)로도 똑같은 나 아닌 다른 조세증(趙世增)을 살아생전 꼭 한번 만나보고 싶다는 마음을 글로 실었었다.

우연인지 필연인지 알 수는 없지만 기적 같은 일과 가슴 아픈 일이 최근에 갑자기 내 주변에서 일어났다. 그것도 연달아 두건이 동시에 일어나면서 기쁨과 슬픔이 반복되고 교차 되는 극과 극의 삶의 가파른 고비를 두 번이나 넘나들어야 했다.

그중에 한 사건으로서 나 아닌 다른 조세증과의 꿈 같은 만남이 우연한 기회에 생각지도 못했던 엉뚱한 곳에서 운명 처럼 찾아들었다. 그날따라 초가을임에도 불구하고 구름이 많이 낀 우중충한 날씨를 보이고 있었다. 이런 날은 이상하게도 마음이 울적하고 가슴이 텁텁해 지면서 몸 안에서 그간 부족해진 알코올 기를 소리 없이 요구한다.

우리는 시내 제일 백화점 지하상가에 자리하고 있는 음식점을 찾았다. 어느 정도 술기운이 오르자 헤어짐의 아쉬움이 다시 취기를 불러 모아 찰떡같이 끈끈한 꾼(?)들만의 유대감을 손색 없이 발휘한다. 취중에 다시 2차로 발걸음을 옮겼다.

세 사람이 찾은 곳은 남춘천역 부근의 그리 크지 않은 실내 포장마차였다. 이곳 여주인의 미모(美貌)가 여간 아니다. 후리후리한 체격에 글래머(glamour)한 몸매, 하얀 피부와 고운 살결을 자랑하고 있었다. 주인 여자가 우리를 보자 반색하며 맞이한다. 그 누군가를 애타게 기다리고 있다가 반기는 모습이었다.

자리가 무르익고 술잔이 또 한 차례 돌아가는 순간 출입문이 거칠게 열리면서 건장한 사나이들이 옆 좌석을 점령하듯 의자

위로 무겁게 철퍼덕철퍼덕 주저앉는다. 여주인이 반기는 폼이 단골손님은 아닌 듯 엉거주춤 일어나 형식적인 인사를 건넨다.

벽면 위 조명등의 은은한 불빛만이 흐르는 시간 속에 취객들의 머리 위로 침잠하듯 내려앉는다. 그때 어디선가 '조세증'하고 내 이름을 소리 높여 부르고 있었다. 취중이라 처음에는 우리 일행이 부르는 줄 알고 대수롭지 않게 넘어갔다.

한참 있다간 다시 침묵이 깨지면서 이번에는 내 이름 석 자 뒤에 정다운 욕설까지 담긴 '새끼'자(字) 까지 붙여 가면서 목소리를 높여 나를 부르고 있었다.

나 자신도 이미 많이 취해있는 상태였기에 이번에도 내게 잠깐 환청이 들리나 생각하고 말았다. 잠시 후 이번에는 아주 굵직한 목소리가 내 이름 뒤에 한 수 더 떠 '새끼, 너 아주 건방지고 거만해' 한다.

사방을 둘러보아도 내 이름을 불러가면서 이렇게까지 욕설을 퍼부을 사람이 없었다. 잠시나마 정신적 혼란의 상황 속에서 헤매던 중 또다시 누군가가 내 이름을 부르면서 나를 윽박지르고 있는 것만 같았다.

주변을 아무리 살펴보아도 우리 친구들과 옆 좌석에 새로 온 너 댓 명의 손님들뿐이었다. 주인 여사장에게 조용히 물어보았다.

'어디서 누가 자꾸 내 이름을 부르면서 욕을 하고 있는 것 같아요' 하니 여 주인이 '옆에 손님들 얘기하는 소리예요' 한다.

순간 환청이 아니었구나 마음이 놓이면서도 뭔가 머릿속이 갑자기 복잡하게 돌아가면서 지피는 것이 있었다. 주인 여자를 불러 저쪽 손님들 나이를 물어봐 달라고 살그머니 부탁을 했다.

여주인이 얼굴에 엷은 미소를 띠워 가며 그들에게 다가가 귓속말을 주고받더니 오십 년 생들이 맞는다고 한다. 그 소리를 듣자 혹시나 하는 예감이 불길처럼 지나간다. 나는 다시 "예전 효자동 경리대 입구 부근 삼거리에 살은 적이 있었느냐"고 한 번 더 알아봐 달라고 부탁했다.

여주인이 다시 건너와 그곳에서 살았다고 전한다. 이미 그들은 우리 일행의 이상한 행동에 의심의 눈초리와 경계의 빛을 보이고 있었다. 분위기가 썰렁해 지면서 테이블 사이로 무거운 침묵이 차갑게 훑고 지나간다. 상황이 이제는 내가 직접 나서야 할 것 같았다.

벽 쪽으로 등을 기댄 한 사람을 향해 먼저 목례를 하고 이것저것 직접 물어보았다. 이 사람 역시 갑작스러운 질문에 눈이 둥그레 진채 놀란 듯 나를 유심히 바라보면서 '어떻게 저를 그렇게 잘 아시냐'며 되레 반문을한다.

'내가 옆집에 같이 살았던 이름이 같은 조세증입니다' 하니 그 역시 깜짝 놀란다. 어렸을 때 이웃에 살았던 나의 얼굴은 비록 생각이 안 났지만 이름만은 늘 기억을 하고 있었다고 한다. 자신도 꼭 한번 만나보고 싶었다며 벌떡 일어나 악수를 청하면서 아주 반가워한다. 우리는 그렇게 해서 우연히 작은 실내 포장마차 집에서 만취 상태로 60여 년 만에 처음으로 서로의 얼굴을 대면할 수 있었다.

나 아닌 다른 조세증은 이미 우리나라 사람이 아니었다. 멀리 캐나다의 국적을 소유한 외국인으로 변신 되어있었다. 국내에 볼일이 있어 잠시 귀국해 친구들을 만나 소주 한잔하고 있던 중이라고 한다.

우리는 다음날 다시 연락을 취해 만날 것을 약속했다. 사람의 일이란 한 치 앞을 내다보기 힘든 모양이다. 만나기로 약속한 바로 한 시간 전 작은 형님이 갑자기 별세해 어쩔 수 없이 그와의 약속을 다음 기회로 연기 할 수밖에 없었다. 연이어 설상가상 격으로 작은 형수님마저 형님이 운명한 후 서울 아산병원서 여섯 시간 후에 유명을 달리하셨다. 하루 사이에 형님 내외분이 함께 돌아가신 것이다. 어떻게 이런 일이 세상에 일어날 수 있을까?

그날 형수님의 병세가 상당히 위독하다는 전화를 받고 작은 형님이 급히 서울로 올라가시다 그만 심적 충격을 견디지 못하고 갑자기 쓰러져 병상(病床)의 형수님보다 되레 먼저 절명 하셨다.

그 뒤 형님과 형수님의 합동 장례를 마친 후 우리는 시내 음식점(죽림동 한옥 갈비)에서 다시 만나 그간에 못다 한 이야기들을 나누었고 며칠 후 그는 그의 생활 터전이 있는 캐나다를 향해 아쉬움을 남긴 채 조국의 하늘을 떠나갔다.

한차례의 폭풍이 지나가고 난 빈자리에는 뒤늦게 숱한 상념들만이 두서없이 찾아든다. 원초적 삶의 문제에서부터 시작하여 죽음에 이르기까지 갖가지 우문우답(愚問愚答)의 수많은 인간사 들이 주마등처럼 머릿속을 스쳐 지나간다.

늦은 밤 차가운 달빛 속 아파트 창가에 앉아 예정된 팔자소관의 운명론을 다시 한번 곱씹어 본다. 그간에 겪은 일들이 내가 현세에서 끌어안고 감내해야 할 운명의 몫이고 피할 수 없는 하늘의 뜻이었던 모양이다.

거역할 수 없는 이 모든 일들이 이미 결정된 숙명의 길이라 생각하니 삶이 처처공공(處處空空) 무상하기 짝이 없다. 세상만사 모든 것이 무심히 흘러가는 한줄기 물길만 같아 마음도 육신도 갈 곳 잃은 외로운 낙엽인 양 허허롭기만 하다.

서늘하게 불어오는 가을바람 따라 인생도 달빛도 소리 없이 깊어만 간다. 어디선가 계절 따라 울어대는 밤하늘 풀벌레 소리가 가는 세월이 아쉬운 듯 구슬프고 처량하게 들려온다.

살아생전 다시 한번 더 캐나다의 조세증을 만날 수 있기를 기대하면서 지구촌 반대편 멀고 먼 이국땅에서 오늘도 열심히 살아가고 있을 그의 모습을 다시 한번 그려본다.

깊은 밤 늦은 시각 대한민국의 '조세증'이 카나다의 또 다른 '조세증'에게 신(神)의 가호와 함께 건강과 행복이 충만하기를 두 손 모아 진심으로 기원한다.

4부

영혼의 외출 유체이탈(幽體離脫)

청원사의 아름다운 결혼식(結婚式)

　새벽의 여명과 함께 상큼한 봄 내음이 밀려온다. 온 산하가 초록의 봄 색깔로 단장되어 싱그러운 모습에 보는 눈이 시원스럽다. 산뜻하고 매끈한 산바람이 옷깃을 파고든다.
　어제는 관내의 경로잔치에 참석했다가 그만 어르신들의 권유에 못 이겨 늦게까지 자리를 같이하게 되었다. 어떤 면에서는 나 자신이 그렇게 되길 마음에 원했는지도 모르겠다. 늙으신 어머님께서 멀리 계시니 금년 어버이날에도 올라가 뵙지 못하고 전화 한 통 하는 것으로 족해야 했다. 그것도 직접 전화를 받으실 수 있는 상황이 아니기에 그저 안부 정도나 여쭈어 보고 수화기를 놓았다.
　점점 자식(子息) 노릇을 제대로 못하고 있구나 하는 자책의 소리가 마음 한 곳 어디선가 깊이 흐르고 있는 것 같았다. 팔순이 넘으신 어머님의 여윈 얼굴이 자꾸만 마음을 저리게 한다. 벌써 병석에서 자식들의 수발을 받으신 지가 수년이 지나셨다.

가 뵙기에는 너무도 먼 곳이기에 솟구쳐 오르는 망운지정(望雲之情)의 그리운 마음을 취기로나마 달래보고 싶었다.

　흥겨운 밴드와 함께 열창을 했고 할머니 할아버지와 함께 춤을 추면서 어지러운 마음을 잊으려고 술잔을 쉬지 않고 기울였다. 늦은 시각 어두움이 내려서야 시내버스에 취한 몸을 실을 수 있었다. 잠깐 사이에 앞 좌석에 앉아서 졸았던 모양이다. 지금도 기억이 안 난다. 버스비를 냈는지, 안 냈는지? 타고 온 것만은 확실한데 잠시의 잊어버린 과거가 몹시도 답답하기만 하다.

　아침 일찍이 그간의 흐트러졌던 마음과 무거워진 머리를 달랠 겸해서 대충 일을 끝내고 태백산 당골 입구의 청원사(靑原寺)를 향하였다. 오늘따라 이상하게 많은 차량들이 주차해 있었고 대형버스 옆으로는 수 십여명의 낯선 모습의 얼굴들이 보였다.

　정원 안쪽으로는 백목련의 꽃잎 같은 하얀 드레스를 차려입은 신부(新婦)가 5월의 햇빛을 받으며 화사하게 사진을 찍고 있었다. 친구들한테 둘러싸인 채 체면도 잊은 듯 까르르 웃는가 하면 손을 크게 내저으며 너니 나니 하고 큰소리로 웃고 난리다.

　별난 신부도 다 있구나 하면서도 호기심 속에 다시 눈여겨 바라보니 신부의 얼굴이 화장은 단단히 하였지만 그래도 새색시의 모습 같지는 않아 보였다. 좀 나이가 든 30~40대의 햇빛에 검게 그을린 얼굴이었다. 신부를 따라오는 신랑의 모습 또한 비슷한 처지였다. 느지막하게 짝을 찾은 듯 얼굴에는 이미 깊은 주름이 세상을 반쯤은 넘게 산 모습이었다.

　경내에는 똑같은 색상의 드레스를 차려입은 또 한 쌍의 나이

들은 신랑·신부가 용담(龍潭) 연못 주위를 맴돌며 가득히 피어 있는 벚꽃과 함께 열심히 사진을 찍고 있었다. 때마침 일요일이라 주위 경관도 좋을 뿐 아니라 경내에 효자의 전설을 간직한 연못이 있어 신랑 신부들이 구경 차 들린 모양이었다.

가벼운 마음으로 요사채를 찾아들었다. 박 보살님의 환하면서도 부드러운 모습이 예나 지금이나 변함이 없었다. 원숙한 50대 초반 중년의 온화한 미와 함께 예지적인 면이 더욱 돋보였다. 그렇지 않아도 궁금해하던 차라고 하시면서 반갑게 맞아주신다.

인사도 채 끝나기 전에 어디선가 "동장님"하고 부르는 소리가 있어 마루 쪽을 바라보니 동네의 부녀회원 몇 분이 부지런히 주방 일을 보고 계셨다. 굳이 차려주는 음식을 하객들과 같이 하겠다고 사양하고 법당으로 향하였다.

노(老) 주지 스님의 차근차근한 목소리가 바람결에 실려 온다. 극락보전 앞의 대자대비하신 부처님의 은은한 미소가 법당 안을 감돌고 안경을 내려쓰신 노 주지 스님의 의연하신 모습이 오늘따라 더욱 인자하게 보였다.

엄숙하고 신성한 결혼식이 몇 명 안 되는 친척들과 하객들을 모셔놓고 거행되고 있었다. 한쪽은 시누이가 되고 또 한쪽은 올케가 되는 사이라고 한다. 그간의 살림이 어렵다 보니 이래저래 미루다 주위 및 친지들의 도움으로 힘겹게 치러지는 때늦은 결혼식이었다.

그간의 애들도 낳고 부부의 정을 쌓은 지도 이미 오래되었지만 그래도 면사포를 쓰고서 남들처럼 떳떳한 가연(佳緣)을 맺고 싶은 마음속 깊은 한(恨)을 오늘에서야 비로소 이룰 수 있었다.

　더군다나 내가 봉직했던 소도동 관내에 거주하는 주민이라는 말에 비록 동장직을 떠난 지는 오래이지만 그냥 발길을 돌릴 수가 없었다. 그들의 결혼식을 뒤늦게나마 축복해 주고 싶어 급히 축의금을 조금 마련하였다.

　비록 남들과 같이 화려하고 성대한 결혼식은 아닐지언정 진정한 사랑으로 맺어진 부부의 정(情)은 그 누구보다도 깊었으리라. 그리고 오늘의 이 시간이 있기까지 사연 많은 신랑 신부의 마음 고생이 어떠했을까 싶었다.

　부처님과 친지들 앞에서 부부로서의 확약이 있었다. 노스님의 높고 깊은 설법이 계속되신다. 서로 간의 옷깃만 스쳐도 인연이라는데 얼굴을 맞대고 한 몸이 되어 사는 부부의 연(緣)이란 억겁(億劫)의 긴 전생의 인연이 있었기에 오늘의 이 자리가 있는 것이라고 힘주어 말씀하신다. 서로 사랑하고 좋은 일 열심히 하고 행복한 가정을 꾸밀 것을 당부하면서 신랑·신부에게 사랑의 다짐을 받는다.

♥ 사랑의 다짐

「남편들에게」
① 자기의 처로 만족하여 부인을 죽도록 사랑하겠는가?
② 부모에게 효도하며 살아가겠는가?
③ 검소하고 부지런하여 의식주에 부족함이 없도록 노력하겠는가?

④ 나라에 신명을 바칠 수 있는 마음이 서 있는가?
⑤ 남편의 도리를 다해 항상 마음의 바른길을 가겠는가?

「신부들에게」
① 부녀의 도리를 다해 가정을 보살피겠는가?
② 부모님께 효성스러운 사람이 되겠는가?
③ 검소하고 절약하여 사는 가정을 이루겠는가?
④ 남편의 뜻을 쫓아 도리를 다하고 이웃을 사랑하겠는가?

　뒤늦은 신랑들이 「네」하는 어색하면서도 우직한 목소리가 법당 안을 채운다. 이어서 때늦은 신부들이 아까와는 달리 다소 곳한 수줍음이 곁들인 「예」하는 떨리는 듯한 목소리가 너무도 아름답게 들려왔다. 그들의 확약과 함께 성혼선언문이 낭독되고 다시 주지 스님의 자상하신 당부의 말씀이 이어졌다.
　간단히 준비된 피로연에 들려 잔치국수 대신 시금치와 당근, 콩나물무침의 비빔나물밥을 맛있게 들었다. 특별한 날이라 주지 스님께서 형편을 봐주셨는지 맥주와 소주도 있기에 한잔 가득 기울이면서 새로운 신랑 신부들의 앞날을 마음껏 축복해 주었다.

　앞마당의 벚꽃들이 오늘을 기다린 듯 너무도 활짝 아름답게 피었다. 가끔가다가 바람이라도 불라치면 눈가루같이 흩날리는 꽃잎들이 늦깎이 신랑 신부들의 머리 위로 곱게 떨어진다. 맑고 푸른 하늘에는 하얀 구름 들이 푸른 바다에 유람선처럼 떠돈다. 앞산에도 새로운 봄기운이 산 전체를 감싸안아 초록의 원색 지대를 이룬다.

비록 가느다란 허리에 눈꽃같이 고운 살결은 아니지만 그래도 오늘 이 순간 면사포 속에 감춰진 신부들의 얼굴은 누구보다도 예뻐 보였고 더욱 정숙해 보였다. 신부들의 경내 나들이 흰 드레스가 여왕의 제복처럼 치렁치렁 폭을 길게 드리운다.

우거진 전나무와 벚꽃 나무 사이를 오가며 시누이와 올케 사이의 신부들이 즐거움을 감추지 못한다. 나이 든 신랑들도 덩달아 깊은 주름살을 펴면서 활짝 웃는다. 또 한 차례의 벚꽃들이 바람 따라 머리 위로 하얗게 떨어지며 축복을 내린다. 비록 나와의 깊은 인연은 없었지만 그들의 조촐하면서도 아름다운 결혼식을 진정으로 축복해 주고 싶었다.

신부들의 수줍고 앳된 목소리 대신 굵직한 목소리가 들려온다.
「야! 너 그것도 못 받고 어떻게 시집갈래?」
누구를 걱정하는 소린지 친구들을 향해 나이 든 신부들이 부케(bouquet)를 뒤돌아 하늘 높이 던진다. 행복이 담긴 꽃송이들이 푸른 하늘 위에서 사랑의 선율을 그리며 싱그럽게 떨어져 내린다. 하나는 친구들의 머리 위로 또 하나는 요사채 지붕 위로 떨어진다. 푸른 하늘 아래 펼쳐지는 신부들의 환한 웃음이 더욱 아름답고 맑게 퍼져 나간다.

오늘의 그 찬란하고 구김살 없는 웃음이 영원토록 그들의 마음속에 같이하기를 빌어본다. 노스님의 환히 웃으시는 모습을 뒤로한 채 합장 배례하고 계단을 내려섰다. 산뜻한 오월의 산바람이 차창을 스치면서 가슴으로 밀려든다. 노스님이 잡아 주시던 손목의 따스함이 흩날리는 꽃잎처럼 온몸으로 퍼져든다.

영혼의 외출 유체이탈(幽體離脫)

 인간은 언제인가 반드시 죽는다. 그렇기에 어느 철학자는 인간의 죽음처럼 이 세상에서 확실한 것은 없다고 했다. 그리고 죽음은 여럿이 함께 같이 가는 것이 아니라 자신만이 홀로 그간에 미처 겪어보지 못했던 미지의 길을 외롭게 떠나는 것이다.
 많은 사람들이 죽음직전에 자신의 운명에 대한 꿈을 꾸고 비로소 생명의 줄을 내려놓는다고 한다. 나 역시 아직 까지는 꿈을 자주 꾸고 기억을 잘하는 편이다. 때로는 헛꿈이나 개꿈도 있었지만 그래도 가족들이나 친구들. 이웃에서는 나의 꿈에 무언가 보이지 않는 예지력을 나타내는 경우가 많다고 한다.
 그리고 친척들의 신상에 관한 꿈 역시 대부분 높은 예지력을 보여주고 있다. 특히 가족들의 취업이나 승진 등 행운의 꿈이라든가 사건 사고 등 불길한 꿈은 아주 잘 맞아서 식구들이 놀라는 경우도 종종 있었다. 하도 꿈이 뒤숭숭하기에 "꿈 때문에 제대로 잠을 못자 죽겠다"고 하니 주변에서 "소에 물려 죽은 사람

없듯 꿈꾸다 죽은 사람은 없다"며 꿈 때문에 죽었다는 얘기는 듣도 보도 못했다고 한다. 그리고 소는 윗니가 없기에 뿔에 받혀 죽은 사람은 있어도 잇 발에 물려 죽은 사람은 지구상에 한 사람도 없다고 한다.

그간에 살아가면서 죽음을 목전에 둔 채 헤매다 간신히 빠져나온 경우도 여러 번 있었다. 어느 날에는 고인(故人)이 되신 지인께서 이승에서의 나의 삶의 시한까지 계시해 주는 꿈을 꾸기도 하였다. 고인은 평소에 직장에서 내가 존경하던 분이셨다. 기독교인으로서 사리가 분명한 삶에 신앙심이 상당히 돈독한 분이셨다. 하늘에서 흰 구름을 타고 흰 도포에 흰 수염을 나부끼며 지상에 내려오신 고인께서 고생 많았다며 내 손을 잡고 그간에 못다한 얘기들을 나누며 공지천(요단강)을 반쯤 같이 건너서고 있었다.

잔잔한 물결이 햇빛을 받으며 반짝이는 아름다운 윤슬의 찬란한 모습을 만들어 낸다. 그때 갑자기 어린 딸들의 결혼을 못 시킨 것이 생각이 나 삶의 고민을 어렵게 말씀드렸다. 고인께서는 잡았던 손을 살며시 놓으시면서 '일단은 다시 뭍으로 돌아가라'고 말씀을 하시기에 건너던 물길을 다시 되돌아 나왔다.

고인께서는 나를 바라보시며 은은한 미소 속에 천계의 숨겨진 비밀이라도 하나 알려주듯 부드러운 목소리로 조용히 말씀을 건네신다. "조주사! 20년 후 꼭 이날 이시각에 다시 데리러 올께" 약속을 하시고 푸른 하늘을 흰 구름을 타고 그림처럼 서너 번 상공을 선회하시더니 공지천 건너편 산 쪽 푸른 하늘 속으로 훨훨 날아가셨다.

  그 후 또 다른 삶의 계시를 다시 받았다. 이번에는 혼령이 아니라 현세에 생존해 계시는 지인으로 부터 "조세증씨는 그간 정갈하게 살아왔지만 좀 더 정갈하게 살아 주었으면 좋겠어" 하시면서 지상에서의 삶의 시간을 수십 년간 다시 연장해 주셨다. 그 꿈은 아직 까지도 진행형이다. 지금도 내 가슴속에 자리 잡은 채 세월 속에 묻혀서 오늘도 어딘가를 향해 소리 없이 흘러가고 있다.

  죽음 앞에서는 누구나 시한부 인생이다. 어쩌면 태어나는 그 순간부터 인간은 죽음이라는 목표를 향해 달려가고 있는 숙명의 슬픈 생물체의 운명인지도 모르겠다.

  그러기에 불가에서도 제행무상(諸行無常)을 가르치고 생자필멸(生者必滅)과 회자정리(會者定離)를 얘기하고 있는 모양이다. 그러면서도 우리는 죽음을 얘기할 때면 무언가 꺼리거나 자꾸 회피하거나 남의 얘기 식으로 미루 기가 일수였다. 결국은 무거운 마음으로 모든 것을 포기하고 막다른 골목에서 어쩔 수 없이 이를 운명으로 받아들인다.

  나는 꿈속에서 스스로가 여러 번 죽어 보았다. 즉 유체 이탈을 여러 번 경험하였다. 유체이탈(幽體離脫, out-of-body experience)은 사람의 영혼이 자신의 몸을 벗어나 누워있는 자신을 바라보거나 육체 밖의 세상을 인지하는 경험이다. 보통 10명 중 1명이 자신의 생애에서 유체이탈을 경험한다고 한다.

  혼이 빠져나가 얼음장처럼 창백하게 누워있는 내 모습을 지켜

보면서 죽음에 대해 많은 생각을 하게 된다. 꿈속에서 겪었던 유체 이탈 시 영혼이 빠져 나 갈 때의 광경도 선연하다.

마치 창문 틈으로 하얀 연기가 새어 나가듯 소리 없이 내 몸에서 자연스럽게 빠져나가 육신이 없고 형상이 없는 또 하나의 나를 만들어 놓는다. 허공을 맴도는 바람 같은 영혼은 꿈속에서 여러 가지 생각을 하고 보고 듣고 하면서 말없이 누워 있는 내 육신의 주변을 기웃거린다. 그러면서도 가엾다거나 불쌍하다거나 슬프다거나 하는 감정이 하나도 일지 않는다. 그저 그 상황만을 말없이 지켜 만 볼뿐이었다.

한 몸이면서도 분명 다른 두 개의 사실적인 개체이었다. 누워 있는 한쪽은 생명과 생가과 온기와 미소를 잃었고 또 한쪽은 형체 없이 연기처럼 움직이면서 아무것도 현실적으로 도움을 줄 수 없었다.

말을 해도 알아들을 수 없고, 위로를 해주어도 느낄 수 없고, 그렇다고 육신을 받아 들일 수도 내어 줄 수도 없는 상황이었다. 고요의 침묵 속에 그저 남인 양 영육(靈肉) 간의 소통 없이 자신의 누워있는 주검을 끌어안고 감성없이 몸부림만 치며 눈물로 통곡할 뿐이었다.

이제는 우리도 좀 더 자유스러운 분위기 속에서 죽음을 얘기하고 공론화하여 우리 모두에게 언젠가 찾아올 죽음을 생각하고 대비해 볼 때가 되었다고 생각된다. 죽음은 두려운 것이 아니고 또 다른 삶의 연장이라는 차원에서 만물의 영장으로서 품격 있는 죽음을 맞이할 수 있도록 다 같이 고민하는 자세가 필요하다. 다시 한번 죽음을 돌아보고 마지막 삶을 의미 있게 아름답게 마무리할 수 있는 계기의 장을 마련코자 가장 최근에 겪었던 유체 이탈 그날의 일기장 한 구절을 실어 본다.

[유체이탈 경험 일기장]

내가 죽었다고 한다. 나는 나를 찾아 춘천여고(구) 길 쪽으로 내려갔다. 동부시장 구석진 곳에 허름한 손수레 한 대가 비슷듬이 놓여있다. 안쪽 검은 천으로 둘러싸인 목제 관구의 지퍼(zipper)를 열어보니 내가 누워 있었다.

붉은색 넥타이를 단정히 맨 채 흰색 와이셔츠에 감색 양복의 신사복 차림으로 조용히 잠들어 있다. 지난날 내 삶의 흔적들이 후회와 회한으로 얼룩 저 눈앞에 아른거린다. 깊은 탄식 속에 참회의 마음이 가슴속을 무섭게 파고든다.

가까이 들여다보니 살아있었다. 숨을 쉬고 있었다. 뜬구름 같은 내 영혼이 내 육신을 부둥켜안은 채 쏟아지는 눈물로 울부짖고 통곡하며 소리쳤다. 내가 이렇게 살아 있다고... 나는 죽지 않았다고...

누워있는 육신은 아무 반응도 없었고 아무 느낌도 없었다. 차가운 시신이 마치 새로운 세상을 염원하듯 해탈을 꿈꾸면서 푸른 하늘 구름 속을 응시한다. 육체의 속박에서 벗어난 내 영혼이 세속으로 물든 자신의 또 하나의 외로운 영혼을 처연한 눈빛으로 끝없이 끝없이 바라보고 있었다.

(20XX. 01. 01. 꿈 이야기)

호투 잠자리의 슬픈 사랑

　춘천 시민의 대축제인 막국수 닭갈비 축제가 열렸다. 지속적으로 매년 초가을쯤 해서 춘천역 앞 행사장 부지에서 열린다. 같은 축제이면서도 짝수 해는 「춘천 닭갈비 막국수 축제」홀수 해는 「춘천 막국수 닭갈비 축제」로 명칭이 번갈아 바뀌어 개최된다.
　사람 사는 세상이 이런 것이려니 하고 오늘만큼은 체면도 남의 눈치도 보지 않고 먹고 싶은 것 마음대로 골라 먹고 놀이하고 싶은 것 마음대로 하고 다녔다. 그간 하고 싶어도 못 했던 닭꼬치도 입에 물고 다니고 아이스크림도 손녀딸과 같이 먹으면서 내 멋대로 행사장을 누비며 활보하였다.
　지난해에도 역시 같은 장소에서 닭갈비 막국수 축제가 열렸었다. 우리 고장의 행사이기에 올해는 전 식구가 같이 참여했다. 저 멀리 푸른 산과 높은 하늘이 한 폭의 그림처럼 눈앞으로 다가선다.

나도 모르는 사이에 어느새 주변에는 가을이 성큼 다가와 있었다. 「미각지당춘초몽 계전오엽이추성」(未覺池塘春草夢 階前梧葉已秋聲-못가에 돋은 풀이 봄 꿈에서 깨기도 전에 섬돌 앞 오동나무 잎 벌써 가을 소리 내는구나) 이라는 주희(朱熹=朱子)의 싯귀 한 구절이 절로 떠오른다. 나이가 들어서인지 이제는 계절의 순환에 따른 자연의 변화에도 마음이 쓰이고 신경이 예민해진다.

맑게 개인 파란 가을 하늘 위로 정처 없이 떠도는 흰 구름을 바라보면 무언가 그간에 잃어버린 그리움이나 서러움 같은 것이 일시에 울컥 밀려드는 공허한 마음이 든다.

어디선가 호투 잠자리 한 마리가 갑자기 나타나 날개를 반짝이며 머리 위를 홀로 외롭게 맴을 돈다. 짝짓기 계절이 되었건만 혼자서 행사장을 기웃대는 것이 몹시 쓸쓸해 보인다. 예전 같으면 수십 마리가 한꺼번에 허공을 같이 날아다니면서 서로의 짝을 찾아 사랑의 미로를 헤매고 있었을 터인데…

우리가 어린 시절에는 춘천 지역에도 큰 연못들이 여러 곳 자리하고 있었다. 우선 가장 큰 연못으로 기억되는 것이 사대부고(강원대학교 사범대학 부설고등학교) 부지 내에 있던 두이리(桃花里) 연못이었고 다음이 지금의 강원 대학교부지 한가운데 있었던 농대 연못이었다. 그리고 교동 쪽 산동네 위쪽에 이선길(人名) 연못이라고 하나가 더 있었다.

학교만 파하면 가느다란 대나무 가지들을 하나씩 둘러매고 러닝 차림으로 달음박질해 간 곳이 지금의 사대 부고 부지 내

두아리 연못이었다. 악동들은 누가 뭐라 할 것 없이 우선 연못가에 도착하면 얼굴과 머리부터 흠뻑 물에 적신 다음 러닝도 벗어 버린 채 뜨거운 땡볕 아래서 호투 잡기에 전력을 다했다.

인간이나 미물이나 이성(異性) 간에는 자기의 능력이나 의지로서는 끊기 힘들고 대항 하기에 역부족인, 만유인력보다도 더 강하게 끌리는 보이지 않는 사랑의 힘이라는 것이 존재한다. 태초에 신이 인간에게 부여한 관능적이고 육체적인 남녀 간의 사랑은, 원초적이고 본능적이면서 인간 본연의 삶의 근원인 동시에 인류 번성의 가장 핵심이 되는 원동력이 되기도 하였다.

호투 잠자리의 일상도 인간들과 매한가지였다. 우리는 많은 호투를 잡기 위해 제일 먼저 연못가를 날고 있는 암컷 호투를 포획했다. 미리 준비해 간 하얀 실을 암놈의 발에 묶은 다음 자기 팔 길이의 두 배쯤 실을 풀어 대나무 끝에 매달아 도망갈 수 없도록 단단히 동여맨다. 다음에는 머리 위로 휠휠 서너 바퀴 돌리면 금 새 수컷 호투들이 새까맣게 떼를 지어 나타난다. 그러나 그들의 사랑과 행복은 한 뼘도 안 될 정도로 너무나 짧았다.

그들이 목숨 걸고 벌인 사랑의 유희는 단 일 분도 채 넘기지를 못했다. 교미가 이루어지는 순간에 그 녀석의 운명은 이미 살아있는 목숨이 아니었다. 뜨거운 열애 한번 제대로 못해 보고 삶과 죽음의 갈림길에서 이별을 맞이해야 했다.

사랑을 위해서는 죽음도 불사해야 하는 수컷으로 태어난 그들의 가여운 운명이었고 숙명이었다. 암놈의 몸에서 떨어져 나온 수컷은 미리 준비해 간 헝겊으로 얼기설기 이어 만든 포충망 속으로 들어가 영어(囹圄)의 몸이 되고 만다.

그들이 자유롭게 날고 떠다니던 넓은 하늘은 순식간에 사라지고 몸마저 누일 곳이 비좁고 옹색한, 날개조차 마음대로 펼칠 수 없는 어두운 작은 공간에 갇혀 가쁜 숨만을 내쉬고 있을 뿐이었다.

해가 서녘에 걸려서야 악동들의 발걸음이 집으로 향하였고 포충망 속에 갇힌 잠자리들은 마을로 내려오자마자 변변한 대꾸 한 마디 못하고 바로 이웃집 닭의 먹이가 되어 어이없게 죽어갔다.

어린 시절에는 높고 푸른 하늘을 마음대로 휘젓고 거침없이 날아다니는 잠자리들이 무척 부러웠었다. 마치 옛날 동화 속에 나오는 이야기처럼 나도 축지법을 써서 잠자리처럼 내가 가고 싶은 곳을 아무 때나 거리낌 없이 자유스럽게 마음대로 다닐 수 있다면 얼마나 좋을까?

그들이 하늘을 자유스럽게 나는 모습이 너무도 부러웠었다. 나도 저들처럼 높은 하늘과 멀리 땅끝까지 훨훨 날아다니고 싶은 마음이 간절하였었다. 푸른 하늘을 바람처럼 구름처럼 날아다니는 그들의 날렵하고 우아한 모습을 바라볼 때마다 나도 꿈 많은 한 마리의 멋진 잠자리가 되고 싶었다.

특히 잠자리 커플들의 신혼 비행이 제일 부러웠다. 자웅(雌雄)이 한 몸이 되어 그 어느 만물도 흉내 낼 수 없는 하트 무늬 모양으로 때로는 일자 모양으로 사랑의 모습을 푸른하늘 속에 그려놓았다. 그들만의 천부적인 우아하고 격조 높은 사랑의 공중곡예 같은 묘기를 바라볼수록 그렇게 신기할 수가 없었다.

서로가 서로를 감싸고 보듬고 위로와 존중으로 푸른 하늘을 민들레 꽃씨처럼 가볍게 날아다니는 자태가 그때나 지금이나 내 눈에는 환상적이고 아주 행복한 모습으로 비치었다. 가슴속에 담아 두고 싶은 영원한 사랑의 모델이었고 가장 바라고 원했던 삶의 로망이었다. 나도 사랑하는 여인과 그들처럼 포옹하고 존중하고 애정을 깊이 나누면서 다정하게 푸른 하늘을 높이 날아 마음껏 누비며 좀 더 넓은 세상을 구경하고 싶었다.

요즘 들어서는 잠자리들을 볼 때마다 참으로 죄를 많이 지었구나 하는 후회스러움이 자책의 그림자가 되어 짙게 드리운다. 왜 좀 더 생명 존중이라는 삶의 철학을 일찍 알지 못했을까? 동물이고 식물이고 사람이고 간에 다 같은 귀한 생명이라는 사실을 왜 뒤늦게 서야 깨달았을까?

낙엽이 가을바람에 힘없이 나뒹군다. 바람 속에 휩쓸려 이리저리 길가를 헤매는 핏기 없는 모습들이 슬프게 죽어간 호투들의 가엾은 영혼을 보는 것만 같아 가슴이 아리다. 미처 다하지 못했던 그들의 아련했던 사랑의 밀어들이 바람에 실려 낙엽으로 쌓여간다. 언제고 간에 그들의 억울한 영혼을 위해 진혼제라고 한번 지내 주어야 할 것 같다.

가슴만 답답하고 참회의 마음은 천근이다. 윤회(輪廻)의 삶이 있다면 다음 기회에 다시 태어나 좋은 세상 만나서 행복하게 살아가 주기를 간절히 빌어 주고 싶다. 뒤늦게나마 불쌍하고 어이없게 세상을 등진 숱한 호투 잠자리들의 영면(永眠)을 참회하는 마음으로 기원해 본다.

보증의 눈물

　밖으로는 봄기운이 한창이다. 관악산의 우악스러운 모습에서도 봄기운이 감돌고 멀리 청계산의 허리 밑으로도 여인의 치맛자락 같은 푸른 봄기운이 오후의 한나절을 장식한다. 정부종합청사(건설교통부)에서 근무한지도 벌써 수개월이 지났다. 유리창 너머로 찾아드는 계절의 여신(女神)들이 더욱 화사하고 다정다감하게 다가선다. 진달래가 활짝 피고 개나리가 노랗게 물들어 있는 신록의 산야를 보고 있노라면 마음은 어느새 고향의 들녘으로 향한다.
　산 밑의 강변을 따라 길게 늘어진 철길 위로는 따뜻한 봄의 열기가 아지랑이가 되어 영롱하게 피어오른다. 긴 기적을 구름 속에 묻으며 어두운 터널을 돌아 나서면 눈가에 어른거리는 것이 고향의 순박한 모습들이다. 강가의 둔덕 위로 파릇파릇 돋아나는 새싹들이 싱그럽게 자리하고 넘실대는 물결 위로는 강바람이 한 마당 춤사위를 펼쳐 놓는다.

며칠 전 그간 몸담고 지내던 강원도청을 방문했다. 동료 직원들의 훈훈한 웃음 속에 자판기의 커피잔이 따뜻한 온기를 더 해준다. 오가던 얘기 끝에 몇몇 직원들이 큰 사건에 휘말려 고초를 겪고 있다고 한다. 다름 아닌 직원 간의「보증」문제로, 피해가 큰 경우는 살던 집마저 내놓는 지경이 되었다고 한다.

적은 봉급에 허리띠를 졸라매고 사는 사람들에게 적게는 기백만 원에서 많게는 기 천 만원 까지 또 다른 큰 짐을 지워 놓고 당사자는 미국으로 훌쩍 떠났다고 한다. 법원으로 부터 압류가 들어왔을 때 집을 비워 주면서 전 식구가 울어야만 했다는 얘기를 들었을 때 따뜻하게만 느껴지던 종이컵의 온기가 갑자기 싸늘하게 식어 내린다.

「어쩌란 말인가?」남의 일 같지를 않았다. 본인은 물론이고 가족들까지 좌절과 깊은 시름 속에 헤매일 터인데... 예전에 내가 겪었던 아픔이 다시 살아나는 것만 같아 온몸으로 소름이 돋고 가슴이 메스꺼워졌다. 입안에 머금은 커피잔이 독초를 씹은 양 쓰기만 하다.

가슴 한구석으로는 기억하고 싶지 않던 지나간 영상들이 돌아가는 필름처럼 잔인하게 펼쳐진다. 체면에 못 이겨, 아는 얼굴이라 어찌지 못하고 내키지 않는 마음으로 찍어 준 도장 하나에 전 가족이 웃음을 잃고 지냈던 과거의 기억이 새삼스러워 마음이 어수선하기만 하다.

「봉급압류」라는 네 글자가 어쩌면 그렇게도 크고 무섭게 보였는지... 까무러칠 듯 한 마음을 진정시키며 하루하루를 좌절과 고통 속에서 보냈었다. 비록 봉급액의 반만이 압류라고 하지만 이것저것 공제하고 나면 월급봉투 속에는 만 원권 대 여섯 장과 천 원짜리 두서너 장, 백 원짜리 주화 몇 닢이 전부였다. 봉급명세서에는 압류 금액이 표시되고 한 달간의 고생했던 노력의 대가가 보람도 없이 사라졌다.

사랑하는 가족과 어린 자식들이 먹고 입고 공부하는데 꼭 필요한 돈 이었다. 귀중한 재화(財貨)가 내 손도 거치지 않고 어디론가 보이지 않게 연기처럼 빠져나간다.「정말 어쩌란 말인가?」깊은 후회와 눈물 속에 가족들을 볼 면목이 없었다. 제대로 해준 것도 없는 주제에 또 이런 엄청난 멍에를 가족들에게 씌우다니...

보증을 서서 혼이 났던 적이 한두 번이 아니었었다. 사회생활 초년 시절에도 같이 지내던 직원의 마을금고 보증으로 인해 고통을 받다가 도저히 해결할 길이 없어 직접 그의 부모를 찾아갔었다. 나이 들어 허리가 꼬부라진 늙은 영감 부부가 두메산골 깊은 곳에서 한여름 내내 땀 흘려 지어 놓은 엽연초 수매 대금을 받아다가 갚아 준 경험이 있었다.

그 이후로도 또 한 번 절친했던 인간관계까지 훼손되면서 몇 달간을 애를 태우다 천신만고 끝에 어렵게 수습이 된 적도 있었다. 그런 일을 겪고 나서는 하늘이 무너져도 다시는 보증을 안 서겠다고 스스로 맹세를 했었다. 아내와 자식들 앞에서도 다시는 그런 엉뚱한 짓을 않겠다고 단단히 약속까지 했었다.

세월이 지나면서 그런 고통이 언제 있었던 냥 지내다가 다시금 가정을 이 지경까지 벼랑 끝으로 내몰리게 만들어 놓았다. 봉급날만 되면 소주 한 병 주머니에 넣고 인적 없는 공원에서 밤이슬을 맞으며 얼마나 많은 후회의 눈물을 흘렸는지 모른다.

 죄 없이 당하는 가족들의 얼굴이 떠오르면 속죄의 아픔이 뼈로 스며들어 자신이 한없이 미워졌고 무능해 보였다.「보증서는 자식은 낳지도 말랐는데...」머릿 속으로만 알고 지내던 옛말이 현실의 덫으로 내게 던져지니 달리 방법이 없었다. 달빛 속에 취한 술잔으로 찢어지는 마음을 달랬다. 그렇게 해서라도 모든 것을 잊고 싶었다. 어린것들의 천진난만한 모습들이 자꾸만 떠오른다.

 한순간의 어설픈 판단으로 가족 전체가 깊은 나락(奈落)으로 추락했을 때 그 심정은 겪어보지 않은 사람은 짐작하기 어려우리라. 난간 위에서 내려다보이는 소양강물이 무겁고 검푸르게만 보였다. 이미 만신창이가 된 자신을 정리하고 싶었다. 속죄의 길을 택할까? 이 모든 추악함을 깊은 물 속으로 내던지고 싶었다.

 여명의 새벽길에 해장국 한 그릇으로 빈속을 채우고 무거운 발걸음으로 출근을 했다. 잊으려 하면 할수록 억울한 마음만이 치밀어 먼 산만 쳐다보며 괴로운 하루해를 보냈다. 얼마나 많은 번민과 갈등으로 헤매었는지 기억조차 하기 싫은 악몽의 시간들이었다.

 지금까지도 이해가 안 가는 것이「보증」제도이다. 법(法)을 들추기 전에 당사자들의 경제행위에 왜 삼자가 감내하기 힘든 고통을 겪어야 하는지 도대체 이해가 안 간다. 속된 말로 돈을 벌어도 자기들이 벌 것이고 손해를 봐도 당사자가 해결할 문제지 왜 그 행위에 직접 참여도 않은 제삼자에게 고통의 그물이 던져지는지 알 수가 없었다.

 법은 무엇이고, 법은 왜 존재하는가? 한마디로 「사회정의를 실천하기 위한」제도가 아니겠는가? 내가 아닌 남의 행위로 인하여 한 가족이 오순도순 살아가는 보금자리를 빼앗긴다면 그것을 무엇으로 설명하여야 할까?

 스스로 노력한 만큼 그에 따른 대가를 받고 살아간다는 민주주의 체제 내 자유시장경제의 대 원리가 이렇게도 맥없이 무너질 때 누구를 원망하여야 하는가?

 고통받는 동료들의 모습이 너무도 가슴 아프게 다가온다. 그 어려운 동굴을 빠져나오려면 적어도 3~4년, 길게는 10여 년 이상의 고통과 인내가 뒤따라야 할 터인데… 지면을 통해서나마 하고 싶은 말은 「그래도 참고 견뎌 내야 한다」는 경험 측에 의한 이 한마디뿐이다.

 어려운 때일수록 가족 간의 정을 더하고 고통을 분담하려고 노력하여야 한다. 이번의 실수를 거울삼아 더 큰 실수가 없도록 다시 마음을 다지면서 최선을 다해 어려움을 극복해 나가는 것이 가장 현명한 방법이다.

 뒤늦게나마 값비싼 경험을 치르면서 내가 절실히 느끼고 새롭게 체득한 사실은 내 주위의 이 모든 것이 혼자서 결정할 문제가 절대 아님을 깊이 깨달았다. 내 스스로 경제활동을 하고 지금 살고 있는 집이 비록 나의 명의로 되어 있어도 그것은 이미 나의 것이 아닌 가족 전체의 것임을 뒤늦게나마 알게 되었다.

앞으로도 혹시나 또 그런 일이 닥쳐온다면 이제는 나 홀로 결정할 것이 아니라 가족 전원이 협의해서 신중하게 처리하여야 할 사안임을 가슴 저리게 느꼈다. 가정은 우리 사회 구성의 가장 기본이 되는 핵심 단위이며 가족들의 따뜻한 보금자리이다. 가정이 흔들리면 조직도 사회도 보이지 않게 많은 영향을 받는다.

이차제에 직원 보호 차원에서라도 「보증에 필요한 재직 증명 발급 금지」 직무명령이라도 발해서 소속 직원들의 가정의 보금자리를 지켜 주었으면 하는 바람이다. 부득이할 경우라면 직장 상사가 직접 배우자까지 면담 후에 「다시 한번 다짐을 받는」 수고스럽지만 번잡한 내부 제도라도 만들어 시행한다면 직원 상호간의 보증으로 인한 피해를 줄일 수 있지 않을까? 약간은 억지 같은 감도 있지만 그렇게 해서라도 직원들의 어려움을 사전에 막아 준다면 가정을 지키는데 많은 도움이 될 것 같다.

그리고 각급 금융기관도 연대 보증제도 보다는 개인의 신용 정도에 따라 결정하고 결과에 스스로 책임지는 풍토가 아쉽기만 하다. 그 제도가 현실적으로 어렵다면 신용보증 보험 제도를 적극 활용토록 하여 다정한 이웃 간에 불신(不信)의 깊은 골을 만들어 주는 일이 없도록 하여야겠다. 결국은 이 제도(制度)의 모순이 자신들에게도 고통의 그물이 되어 부메랑처럼 돌아올 수 있음을 염두에 두어야 할 것이다.

그간 살아오면서도 아직까지도 이해가 안 가는 것이 보증 제도이다. 우리 사회에 이런 후진적인 금융 관행 제도가 하루빨리 사라지기를 기대하면서 어려움에 처한 동료들이 쉽지는 않겠지만 고통의 시간 들을 슬기롭게 헤쳐 나가 주길 먼 곳에서나마 마음으로 빌어본다 .

보신탕과 복(伏)날의 악연(惡緣)

본격적인 여름철로 들어섰다. 한낮의 기온이 수은주를 끌어올리면서 무더위를 예고한다. 며칠 전 초복(初伏)이 지났다. 우리 선조들께서는 복날이 오면 같이 모여 복(伏) 땜으로 무더운 여름을 건강하고 무탈하게 보냈다.

몇 년 사이에 보신탕이니 영양탕이니 사철탕이니 하면서 골목길에 높이 매달렸던 붉은 간판들이 하나둘 사라지더니 이제는 시내 근교 쪽으로 나가야 간판을 볼 수 있을 정도로 많이 줄어들었다.

그간에 소득수준도 높아졌고 식생활도 개선되었고, 영양상태도 예전에 비해 비교할 수 없을 정도로 많이 좋아졌다. 한마디로 단군성조 이래 제일 잘 먹고, 잘 입고, 잘사는 풍족한 시기를 맞고 있는 것이다. 그런 가운데서도 중장년층의 남성들에게는 복날이 돌아오면 잊지 못할 옛 향수에 젖어서 보신탕집을 찾는 고객들이 아직은 좀 있다고 한다.

우리 선조 어르신들께서는 곤궁한 시절에는 개고기를 드셨다. 곳곳에 설화로 내려오는 '효구총(孝狗塚)'*의 이야기가 그 실증의 하나이다.

"옛날 강원도 정선군(덕우리)에 가난한 농부가 어미 개와 강아지 한 마리를 길렀다. 그해 흉년이 들어 먹을 것이 없어 하는 수 없이 농부는 동네 사람들과 함께 어미 개를 잡아먹었다. 그리고 먹고 난 어미 개의 뼈를 냇가에 내다 버렸다.

이런 사실을 안 강아지가 산기슭까지 어미 개의 뼈를 모두 물어다 땅을 파서 묻고 나서 자신도 지쳐 그 자리에서 죽었다. 마을 사람들 이 얘기를 듣고 모두 슬퍼하며, 어미 개의 뼈를 묻은 자리에 강아지도 묻어주고 '효구총'이라는 비석을 세워주었다."

이 설화 속에서 우리 민족이 예전부터 개고기를 식용하였고, 어렵고 힘든 시기에는 개고기로 영양을 섭취하여 빈곤과 허기를 이겨 냈다는 사실을 알 수가 있다. 또 한편으로는 백행의 근본인 효(孝)를 강조하면서 인간들이 본받아야 할 행위인 효를 실천하는 영물인 개를 잡아 먹어서야 되겠는가? 라는 질책의 말씀도 은근히 숨겨져 있다고 여겨진다.

나 역시 지금은 보신탕을 입에 대지를 않지만 개고기 식용에 대해서는 자유롭지 못한 몸이다. 내가 보신탕을 처음으로 먹어본 것은 평창군 진부면사무소에 근무할 때였다. 박정희 대통령 시절 3선 개헌 국민투표(1969.10.17.) 사무 관리를 위해 월정사

---

* 효구총(孝狗塚)'의 이야기: 조세증 작가 소설 「천상의 여인」(상편-희망의 꽃 달빛 전설) 일부 인용 (태원출판사. 2022)

입구 부근의 간평리 쪽으로 출장을 갔었다.

선거사무를 치르려니 어쩔 수 없이 마을에서 유숙을 하여야 했고 저녁때 이장님께서 이것저것 챙겨주시며 안주 등 고기 살도 넉넉히 준비해 주셨다. 함께 온 직원들이 모두 맛있게 먹고 아울러 막걸리도 몇 순배 돌았다.

마지막으로 간평 국민(초등)학교에 설치한 투표장 준비 사항을 둘러보던 중 직원 한 분이 "그 고기 아마도 암캐를 잡은 것 같아. 아무리 뒤져봐도 신(腎)이 없던데" 하면서 입맛을 다신다. 나는 이게 무슨 소리인가 하고 깜짝 놀랐다. 다시 재차 물어보니 방금 전에 먹은 것이 개고기라는 것이다. 그 소리를 듣고 속이 울렁거려 급히 화장실로 달려갔다.

벽을 부여잡고 쭈그리고 앉아 재래식 화장실의 직사각형 네모진 구멍에 얼굴을 묻고 토 할 수 있는 데까지 다 쏟아냈다. 그 뒤로는 개고기를 절대 입에 대지 않았었다.

그 후 춘천으로 발령을 받고 어느 동사무소에 근무를 하던 중 내 담당 통장댁에서 영양탕 식당을 운영하고 있었다. 그의 입장에서는 동서기 한테 저녁 식사 한번 제공하는 것이었고, 나로서는 대접을 받는 입장이었기 체면상 입에 안 댈 수가 없었다. 그 후로도 몇 차례 보신탕을 함께 먹는 기회가 있었다.

그러던 중에 개고기와 연(緣)을 끝낼 사건과 맞닥뜨렸다. 다른 동사무소로 자리를 옮기고 얼마 안 있어 벌어진 반세기가 훨씬 넘는 50여 년 전의 일이었다. 동네 예비군들이 강원대학 뒷산 숲속에서 개를 잡아 보신탕을 끓여 먹고 있었다. 나는 그때 개고기와는 거리를 두고 있었기에 닭죽으로 족했다.

  어느 정도 흥이 무르익고 있을 때 예비군 중대장이 동사무소 직원들 한테도 갖다주라며 개 뒷다리 한쪽을 신문지에 둘둘 말아 나에게 넘겨준다. 비록 나는 안 먹을지언정 직원들을 위해서 안 받을 수가 없었다. 잡은 개가 큰 놈이라선지 한쪽 뒷다리가 상당이 묵직했다.

  그것을 어깨에 둘러메고 강원대학 산속 길을 혼자서 걸어 나왔다. 그때만 해도 지금의 강원대학이 아니었다. 그 넓은 부지 전부가 울창한 숲이었다. 덤불로 엉크러 진 그 숲길만 빠져나오려 해도 한 시간 정도를 걸어야 동네 입구에 다다를 수 있을 정도였다.

  주변에는 지나다니는 사람도 보이지 않고 집들은 한 곳도 없었다. 대낮에도 어두울 정도로 음침하면서 무서움이 감도는 숲이 무성한 좁은 산길이었다. 가끔가다 새들이 날개를 퍼덕이며 나는 통에 깜작 깜짝 놀랐고 그럴 때마다 온몸으로 소름이 닭살처럼 돋았다.

  땀을 뻘뻘 흘리면서 산 고개를 넘는데 송아지 만 한 개가 앞에서 길을 막고 물끄러미 쳐다보는 것이다. 원래 개를 보면 두려움이 앞서는 새가슴인데 큰 개가 길을 막고 있으니 어떻게 해야 좋을지 생각 자체가 나지를 않았다.

  무조건 내뛰자니 개한테 당해낼 재주가 없었고 그렇다고 뒤돌아서 다시 오던 길을 내려갈 입장도 아니었다. 궁리 끝에 샛길을 찾아 숲을 헤치며 개와 눈이 마주치지 않도록 신경을 바짝

쓴 채 어렵게 다시 소롯길로 접어들었다. 하늘빛이 안 보이는 숲속이건만 등에는 식은땀이 옷을 흥건히 적신다.
 마루턱을 내려와 한숨 놓고 뒤를 돌아보니 어느새 그 큰 개가 내 뒤로 바짝 달라붙어서 코를 벌름거리며 동족의 살코기 냄새를 맡고 있었다. 한마디로 극도의 공포감에 빠져 들어 발걸음이 제대로 떼어지지를 않는다. 방법이 없었다. 급하면 개고기고 뭐고 다 집어던지고 숲속으로 내 뛰어야 할 판이었다.
 그때 다행히도 서너 명의 동네 예비군들이 보였다. 정말 구세주가 따로 없었다. 그때부터 다시는 개고기를 절대 입에 대지를 않았다. 마치 그 개가 자기 종족을 잡아 각을 뜬 시신의 살점임을 알고 따라오는 것만 같아 십 년은 감수했었다. '도둑이 제 발 저린다'고 내가 느껴 보니 틀림없는 말이었다.

 요즘 무더위가 계속되다 보니 개고기 식용 건을 갖고 온 나라가 이러쿵저러쿵 소란스럽고 각계각층의 의견이 분분하다. 나의 좁은 소견이지만 전 국민이 난리를 칠 일은 아니라고 본다. 어디까지나 개인의 의사와 세월에 맡기고 기다리면 자연적으로 해결될 문제인 것이다.
 그간에 그렇게 많던 보신탕, 영양탕, 사철탕 간판의 숫자가 현저히 줄어들고 있다. 이것은 그만큼 수요가 없어지고 있다는 반증의 지표이다.
 60대 70대 80대의 남성들이 보신탕을 찾는 대부분의 고객이었을 것이다. 배고프고 영양실조에 걸려 허덕이며 힘든 보릿고개를 넘겼던 불행했던 세대들이다. 그들이 해를 거듭할수록 생명줄을 놓으면서 점차 소멸되어 가고 있다.

　앞으로 짧게 잡아 10여 년, 길게 잡아 20여 년 안팎으로 수요층이 완전히 사라지면 영양탕이니 보신탕이니 사철탕이니 하는 간판도 역사 속으로 자취를 감출 것이다. 서두를 것도, 억지로 막을 것도 아닐 것 같다. 모든 것을 순리에 맡기면 자연적으로 해소될 사안이라는 생각이 든다.

　거울 속의 얼굴이 점점 쪼그라든다. 예전의 모습이 아니다. 스스로가 미워서 책상 밑으로 깊이깊이 손거울을 숨겨 놓는다. 오늘도 불볕더위는 식을 줄을 모르고 지구촌을 달군다.

잊어버린 세월 - 춘천역사(春川驛舍)와 공지천

참으로 많은 것이 변했다. 세월은 사람을 변화시키고 사람은 주변 환경을 변화시킨다. 모든 만물이 변화 속에서만이 존재가 가능한 것일까? 어느 씨이오(CEO)는 오늘도 힘주어 강변한다. 우리 시대에 변하지 않으면 오직 후퇴나 퇴출뿐이라고… 춘천 역사(驛舍) 역시 다가오는 전철 시대의 변화에 대비해 임시 폐쇄 조치로 남춘천역이 주역으로 이용되고 있다.

주변은 오고 가는 인적이 끊긴 지 오래 이고 부근의 홍등가도 한 집 건너 두 집꼴로 문이 닫혀있다. 춘천역은 경춘선의 시·종 착역으로서 춘천의 관문이자 상징이었다. 철로 아래 놓여 진 침목의 수만큼이나 많은 사연과 세월의 무게를 담고 있다. 나의 유년 시절 추억도 경춘선 철로의 침목을 따라 공지천 변 곳곳에 촘촘히 스며있다.

일제강점기 시대에는 서민들의 숱한 애환과 곡절을 담아 경성(京城)을 오가며 실어 날랐다. 나라를 빼앗기고 참혹했던 시절, 이 철길을 따라 애국지사와 농민들이 만주와 간도로 향하였던 눈물과 한(恨)의 역사도 함께 서려 있는 곳이다.

또한 대한민국 현대사에서 빼놓을 수 없는 월남파병의 역사적 현장이기도 했다. 인근 화천 오음리 군부대에서 훈련을 마친 장병들은 군악대의 연주와 학생·시민들의 태극기 물결 속에 환송식을 마치고 멀고도 먼 이국의 전선으로 떠났다. 목숨을 담보로 한 부모 형제와의 이별이었고 돌아올 기약 없는 전쟁터로의 출정이었다.

춘천역은 우리 근·현대사에 있어서 파란 많은 역사의 실체였고 현장의 주체였다. 경춘선 철도는 1939년 일제강점기 당시 춘천의 부자 12명이 사재를 털어 4년여의 공사 끝에 완공된 순수 민간 자본에 의한 춘천 시민의 힘으로 만들어진 우리나라 최초의 사설철도였다. 당초에는 소요경비 회수를 위해 시설 건립자가 운임을 받기도 하였으나 철도청으로 관리권이 위임된 이후 70여 년의 역사를 지닌 채 우리의 근·현대사 중심에 우뚝 서 있었다.

지금은 철로가 철거되었지만 60년대 중반까지만 해도 인근의 미군 부대로 물자 수송을 위해 근화동 민가 지역 안쪽으로도 간선철도가 놓여 있었다. 그 철길을 사이에 두고 판자촌 등 허름한 건물들이 들어서고 가난한 사람들이 모여들면서 빈촌 마을을 이루었다.

국민(초등)학교 시절 한밤중에 막냇동생을 등에 업고 가로등도 없는 그 철길을 따라 걷다가 침목에 발이 걸려 넘어졌다. 몸도

추스르기 전에 태양보다도 더 밝고 강렬한 불빛이 나를 향해 괴물처럼 달려든다. 미쳐 빠져나올 여유가 없었기에 동생을 끌어안고 철로 밖으로 정신없이 뒹굴었다.

　한참 후 숨을 고르고 나니 귓가로 멀어져가는 화물열차의 굉음이 아련히 들려온다. 위기일발의 순간, 죽음의 사지에서 간신히 목숨을 보전한 기억도 희미하게 떠오른다.

　공지천 변에는 구(舊)경춘선 국도를 가로지르는 고가 철로가 있었고 좀 더 상류 쪽으로 온의동 철교가 자리하고 있었다. 그것들은 내가 태어나기 이전부터 자리하고 있었기에 다른 것은 변할지언정 그 철로와 철교는 언제까지나 남아 춘천의 관문으로서의 위상을 지켜 줄 것으로 알았다.

　세월은 모든 것을 그냥 놔두지를 않았다. 어느 날 갑자기 춘천역사가 헐리더니 뒤따라 그 철로와 철교 역시 말없이 사라졌다. 도시 발전에 발맞추어 건설되는 복선 전철을 대비해 새로운 고가철로가 계획되면서 70여 성상의 세월을 춘천 시민과 애환을 함께 했던 역사적 유물이 우리 곁을 영원히 떠난 것이다.

　어린 시절 먹고 살기가 힘든 세월이다 보니 아이들의 장난감이라고는 집에서 만든 새총이나 오자미 등이 고작 이였다. 세월을 잘못 만난 탓으로 세상을 알기도 전에 6·25 전쟁의 비극을 겪은 허약하고 빈약한 고난의 세대들이었다. 우리는 삼삼오오 떼를 지어 공지천 변 철로를 자주 찾았다.

　철로는 공지천을 따라 활처럼 둥그렇게 휘어져 남춘천역까지 평행선을 그으며 연결되어 있었다. 한여름 뙤약볕도 상관없었다. 각자 주머니 속에는 뾰족한 못들이 가득했다. 당시 철로 교각 제방에는 잡풀들이 무성하여 우리들의 키에 버금 갈 정도로 크게 웃자라있었다.

우리들은 마치 적의 성이라도 공략하듯 철길 옆으로 숨어들어 주머니 속 못들을 철로 위로 늘어놓은 후 고개를 묻은 채 숲에 몸을 숨겼다. 마침내 지축이 흔들리면서 거대한 괴물이 우리 곁을 향해 돌진 해 왔다. 마치 성난 코뿔소가 비탈진 언덕을 내달리듯 시커먼 연기를 뿜어내면서 요란하게 질주한다. 굉음과 함께 내달리는 열차를 따라 새파랗게 자란 논 자락의 벼들이 출렁이며 바닷길이 열리듯 푸른 초원을 갈라놓는다.

레일 위의 못들은 기차 바퀴에 맥없이 눌리어 마치 납작보리처럼 되어 버렸다. 역무원이나 선로 수리반원들 눈에라도 띄일까 레일 위의 못들을 급히 수거하여 철로 변을 빠져나온다. 지금은 보기 힘들지만 옛날에는 보리쌀을 납작하게 눌러 만든 납작보리가 있었다. 쌀을 대신한 납작보리로 밥을 지으면 깡 보리쌀보다는 훨씬 입안이 덜 까칠했다.

다음 공정에 따라 납작하게 눌린 못 양면을 숫돌에 갈아 날카롭게 날을 세우고 대나무나 싸리나무에 고무줄로 단단히 묶어매면 바로 그것이 물고기를 잡는 작살이 되고 또한 연필을 깎는 칼이 되었다. 때로는 여자아이들의 고무줄을 끊어서 갖고 도망치는데 유용하게 쓰이기도 하였다. 여하튼 그 당시에는 우리들에게 있어서는 아주 요긴하고 필수적인 생활용품이면서도 장난감이기도 하였다.

우리는 그렇게 만들어진 작살을 갖고 철길을 따라 오르내리며 하루 이틀이 멀다하고 공지천을 찾았다. 공지천은 우리 꼬마들의 낚시터였고 놀이터였으며 한여름에는 목욕터였다. 특히 큰물이 한번 지나가고 나면 많은 물고기들이 상류를 따라 올라왔다. 피라미 모래무지 버들치 붕어 등이 떼를 지어 다녔고 그 물고기들은 우리의 사냥감이 되었다.

공지천 변을 따라 남춘천역 쪽에 주둔한 군부대의 장병들도 시냇가로 목욕을 자주 나왔다. 그 당시만 해도 공중목욕탕이 지금처럼 많지 않았고 시설 또한 형편없었다.

봉의국민학교 정문 쪽에서 조금 더 올라와 길 건너편 논바닥에 조그마한 기와집에서 운영하던 공중목욕탕이 있었던 기억이 난다. 칸막이 안쪽으로 웅덩이를 네모지게 파놓고 시멘트로 안을 발라 물이 새지 않도록 한 다음 종업원이 뜨거운 물을 양동이로 직접 길어와 부어주던 때였다. 당시는 다른 공중목욕탕 대부분도 그런 정도의 수준에서 크게 벗어나지를 못했었다.

하천가로 목욕을 나온 군 장병 아저씨들은 우리 꼬마들의 친구가 되어 주었다. 같이 어울려 낚시질을 하는가 하면 물놀이를 하면서 함께 놀기도 하였다. 그러다가도 반대편 끝 쪽에서 동네 처녀들이라도 나타나면 군인 아저씨들은 잽싸게 물웅덩이에 들어가 몸을 숨긴다. 둑 가까이 그녀들이 다다르면 그들은 물속에서 한껏 부푼 남성의 심벌을 드러내놓고 처녀들을 바라보며 군가를 목이 터져라 불러댔다. 그녀들 역시 돌아서기에는 너무 늦었기에 그저 고개만 외면한 채 나머지 물길을 말없이 건너갔다.

당시에는 지금처럼 공지천을 가로지르는 다리도 많지를 않았다. 동네 처녀들은 보의 물길을 따라 치맛자락을 걷어 올린 채 물을 건너야 했다. 아마도 지금 같아서는 성희롱 죄로 모두가 징역감이고 범법자이다. 그렇게 장난기가 심했던 그 군인 아저씨들도 이제는 70을 넘나드는 세월을 바라보고 있을 것이다. 그 보를 따라 물길을 건너다니던 동네 처녀들 역시 이제는 모두 할머니가 되어 옛 시절을 생각하고 있을지도 모르겠다.

우리들이 멱을 감던 곳에서 조금 더 올라가면 하천 둑 제방을 중심으로 빨래터가 있었다. 동네의 아낙네들이 그 빨래터를 이용하고 밤이면 여인들의 목욕 터로 활용되고 있었다.

대낮에는 여인네들의 빨랫방망이 두들기는 소리가 사방에서 요란하지만 시끄러움보다는 한여름의 무더위를 식혀주는 파도 소리와도 같았다. 커다란 드럼통에 양잿물을 넣어 빨래를 삶아주는가 하면 또 한쪽에서는 염색을 들여주고 있었다.

빨래터에서는 서민들의 실질적인 경제행위가 이루어지고 있었고 친척이나 이웃들의 안부나 소식을 서로 주고받는 정보의 창구 역할과 나름대로 여인들 교류의 장이기도 하였다.

어느 캄캄한 여름날 밤 우리는 공지천 둑을 걷다가 여인들의 웃음소리에 끌려 냇가 쪽으로 손전등을 환히 비쳤다. 여인들이 알몸으로 목욕하는 모습들이 스크린의 영상처럼 환히 떠오른다.

어둠 속 긴 머리의 여인은 빨래터 의자에 한쪽 다리를 올려놓은 채 온몸을 수건으로 훔쳐내고 있었다. 이름도 얼굴도 모르는 나신(裸身)의 그녀 모습은 한평생 나의 기억 속에서 지워지지 않는 묘령의 여인으로 자리 잡게 되었다. 그 이후부터 이성(異性)에 대한 막연한 그리움과 여인(女人)에 대한 동경이 내 가슴속을 떠나지 않았다.

유수 같은 세월 속에 그런 악동(惡童)들도 어느새 환갑을 맞는다. 새롭게 정비된 공지천을 따라 맑은 물이 흘러내리고 한쪽으로는 하류에서 상류까지 산책길이 곧고 길게 이어져 시민들의 건강을 지켜준다.

요즘 들어 뜬금없이 옛날 생각에 자주 젖어 든다. 참으로 그 많은 죄를 어떻게 짊어지고 가려는지… 홀로 속죄하는 마음으로 공지천 변을 물길 따라 걷는다. 초가을 바람이 스산하게 머릿결을 스친다. 오늘도 이룬 것 없이 공지천의 하루해가 서산으로 저문다.

붉은 저녁놀이 더없이 무겁기만 하다.

5부
보릿고개에 빼앗긴 우렁각시와의 인연(因緣)

보릿고개에 빼앗긴 우렁각시와의 인연(因緣)

　사람은 사회적 동물로서 시간과 공간 속에서 저만의 추억과 인연의 끈을 만들어 가며 살아간다. 어느 날 갑자기 마주한 우연이 소소한 삶으로 이어지면 인연의 꽃이 되고 끊지 못할 운명으로 맺어지면 필연의 꽃을 피우게 된다.
　사람의 일상은 누구나 평범한 가운데 보통의 범주 안 틀 속에서 움직이고 느끼면서 자신만의 고유한 생활을 이어간다. 얼굴이 생각나면 보고 싶은 사람이고 이름이 떠오르면 잊지 못할 사람이라고 한다. 세월이 흐르고 나이를 먹다 보니 황혼의 붉은 노을빛이 인생의 마루턱을 넘어선 지 이미 오래이다.
　어느 날 울적한 마음을 달래고자 생각 없이 거리나 한 바퀴 돌아볼 요량으로 무작정 시내버스에 올랐다. 그 버스는 강원대학교 정문을 통과하여 교정을 가로질러 후문 쪽으로 관통하는 노선이었다. 내 손안에 쥐어진 봄내 카드(시내버스 경로 무료 카드)에서는 "고맙습니다" 하는 기계음의 멘트가 여인의 상냥한 목소리로 흘러나온다.

  이곳저곳 배움의 터전들이 자리하고 사방으로 회색 고층 건물들이 우뚝우뚝 즐비하게 늘어서 있어 보는 눈을 압도한다. 하늘을 찌를 듯 높이 치솟은 건물마다 상아탑 위로 지성과 낭만이 따스한 봄볕처럼 묻어난다.

  곳곳에서 쏟아져 나오는 청춘들이 주변을 더욱 활기차고 푸르게 만든다. 그들의 가벼운 발걸음이 사랑스러우면서도 무척이나 부러웠다. 나에게도 저런 배움의 시절이 있었던가? 나에게도 저런 젊음이 묻어나는 시절이 있었던가? 아무리 옛 세월을 되짚어 보아도 떠오르는 기억이 없다.

  6·25 전란이 끝나고 얼마 지나지 않은 혼란과 가난했던 시기라 너나없이 먹고 살아야 한다는 것이 그 당시로서는 절체절명(絶體絶命)의 과제였다.

  궁핍한 상황 속에 밥 한 그릇 제대로 먹지 못하고 어린 시절을 보내며 자랐다. 선택의 여지가 없었다. 굶주림을 피하고자 무작정 취업전선에 뛰어들었다. 어린 나이로 층층시하 공직에 입문하여 젊음이 무엇인지조차 모르고 반세기를 허덕이며 살아왔다. 눈앞에 펼쳐지는 대학가의 모든 것이 나에게는 낯설고 어설픈 모습으로 다가선다.

  버스는 승객의 마음과는 아랑곳없이 후문을 향해 쏜살같이 내달린다. 만물이 약동하는 계절의 풋풋한 향기가 머릿결을 스친다. 차창 가로 몰려드는 초봄의 날씨가 무척이나 따사롭다. 뭔가 흘려버린 청춘, 잊어버린 과거를 아쉬워하며 깊은 상념에 젖어 든다.

좀 이어 숲 사이로 푸른 하늘을 담고 있는 타원형의 큰 못(池)이 수줍게 얼굴을 드러낸다. 바로 강원대학교 부지 내 자리하고 있는 연못이었다. 수면(水面) 위로 비늘처럼 반짝이는 윤슬을 바라보면서 수십 년 전 빛바랜 추억들이 흑백 영화의 필름처럼 떠오른다. 주변 환경은 변했어도 못가의 싱그러운 초목들은 지난 세월을 고스란히 안고 있었다. 마치 오랜 친구를 반기듯 오후의 햇살에 흔들리는 물결이 바람을 타고 파문을 일으키며 내 곁으로 밀려든다.

어느새 나는 지난날 철부지였던 국민(초등) 학생으로 돌아가 비에 젖은 연못가를 서성거린다. 60여 년의 시간을 뛰어넘어 어린 시절로 돌아가고 있었다. 6·25 전란이 끝나고 남은 것은 전쟁의 상흔(傷痕)인 잿더미뿐이었기 참으로 먹고 살기 힘든 모진 세월이었다.

당시는 '강원대학교'가 아닌 '춘천농대'이었다. 정문은 지금의 효제초등학교 부근 쪽에 허술하게 세워져 있었다. 국민학교 저학년 시절 수업이 끝나면 집에 오자마자 가방을 팽개치고 러닝셔츠 차림으로 골목길 과녁빼기집(막다른 집)으로 달려갔다. 동네 꼬마들 모두는 대장의 인솔 아래 춘천농대 연못을 향해 발걸음을 맞추어 노래를 부르며 보무도 당당하게 걸어갔다.

날이 맑게 개인날 보다 비가 오는 날이 우리에게는 더욱 신나는 날이었다. 비가 추적추적 내리고 날이 흐리면 우렁이 잡기가 좀 더 수월하기 때문이다. 모두가 팬츠 바람으로 빗방울이 떨어지는 연못으로 뛰어들었다.

당시만 해도 주위에는 집이나 건물은 아예 없었고 논밭이 뜨문뜨문 보일 정도로 황량하기 그지없었다. 악동들의 눈에는 허허벌판 가운데 물이 가득 고여 있는 연못이 학교 운동장처럼 넓고 크게만 보였었다.

모두가 옆으로 늘어서서 논바닥에 모를 심듯 한발 한 발 내디뎌 가면서 바닥 속 깊이 숨어 있는 우렁이를 찾아내어 잡는 것이다. 진흙탕의 물이기에 눈으로 보는 것 보다 발바닥이나 발가락의 느낌으로 잡는 것이 더 쉬웠다.

미끈미끈한 연못 바닥을 걷다 보면 발끝으로 촉감이 전달된다. 발가락 사이로 우렁이의 숨소리가 느껴지는 것이다. 잠깐 사이에 한 바가지 정도를 잡을 수가 있었다. 모두가 물에 빠진 생쥐 꼴에 얼굴은 진흙투성이가 되었고 입술은 추위에 절어 새파랗게 물들었다.

그래도 연못가에 모닥불을 피워놓고 우렁이를 구워 먹는 재미는 그 무엇보다도 즐거웠고 또한 배고픔을 잠시나마 잊을 수 있도록 해주었다. 꼬챙이를 돌려가며 껍질 속에 묻힌 속살을 파내 먹는 별미는 그것을 겪어 본 사람만이 아는 맛이고 멋 이었다. 놀이시설 하나 변변치 않던 그 시절에는 농대 연못은 우리 꼬마들의 놀이터였고 공동 빨래터이며 허기진 배를 채워줄 수 있었던 유일한 곳이기도 하였다.

역사에는 가정(假定)이 없다고 한다. 하지만 오늘날과 같이 풍요롭고 좋은 시절 연못 속의 우렁이를 만났더라면 얼마나 좋았을까? 예쁜 항아리나 유리병 속에 고이 담아두어 밤에는 설화 속에 나오는 어여쁜 우렁각시로 만날 수도 있었을 터인데... 때를 잘 못 만나 배고픈 보릿고개 시절의 악연이었다. 불길 속 먹잇감이 된 우렁이를 생각하면 철없던 시절이 후회스럽고 지나간 세월이 야속하기만 하다.

  그때 같이 뛰어놀던 동무들은 모두 어디로 갔을까? 지나간 회억 속에 그려지는 보고 싶은 얼굴들이 수줍게 미소를 짓는다. 비가 오면 더욱 생각나는 친구들. 희미한 기억 속에 멀어져가는 추억의 끝자락들, 잊혀 저 가는 안타까움에 더욱 그리운 개구쟁이 악동들의 모습이 주름진 눈시울을 적신다.

  지구촌 어딘가에서 살고 있을 친구들의 건강하고 행복한 삶을 멀리서나마 가슴속으로 빌어본다.

세상에서 가장 소중한 물 미감수(米泔水)

　물 하면 우선 내가 살고 있는 춘천이 연상되고, 춘천 하면 먼저 호수가 생각난다. 춘천은 물의 도시이고 호반의 도시이다. 호수하면 가장 빨리 떠오르는 것이 공지천 변의 의암호, 그리고 춘천댐 상류의 춘천호, 소양댐 상류의 소양호 등을 떠올리게 된다. 그 외에도 크고 작은 강과 하천들이 시가지 주변에 많이 산재해 있어 이름 그대로 춘천이 물의 도시, 호수의 도시로 상징되고 있다.
　우리 인간들뿐 아니라 지구상의 모든 생명체에게는 공기와 더불어 물이 필수적인 생존조건이다. 성경 말씀 가운데는 물에 대한 두 가지 양면성의 얼굴을 극명하게 대비하여 보여주고 있다. 구약성서에는 '노아의 방주'라는 구절이 나온다. 사람들의 죄악이 이미 도를 넘어 하늘에 닿고 있었다. 인간들이 한결같이 사악해진 마음을 회개치 아니하고 하나님의 곁에서 점점 멀어져 가기에 어쩔 수 없이 죄 많은 인간들을 물로 심판하신 대홍

수의 징벌이었다.

  창세기 6장과 8장 사이에 있는 내용으로 무려 150일간 비가 그치지 않고 땅에 쏟아져 내렸다고 한다. 그러면서도 신약성경에는 요단강의 물을 통하여 인간에게 세례를 베풀고 회개의 상징적인 매체로 물의 역할과 신성한 이미지를 함께 보여주고 있다.

  국민(초등)학교 저학년 시절 춘천시가지 운교동 하천 변가에 산 적이 있었다. 집 뒤로는 작은 개울물이 흐르고 있었다. 어느 해인가 엄청나게 비가 쏟아지면서 지붕 곳곳에 물이 스며들었다. 천정에서 밤새도록 물이 떨어져 방안 곳곳을 물웅덩이로 만들어 놓았고 개천의 물이 넘쳐 마당을 물바다로 만들어 놓았다. 그 당시 부모님과 형제들이 잠 한숨 못 자고 빗물이 떨어지는 곳을 찾아 양동이와 그릇들을 받쳐 받아내고 또 받아내면서 밤을 새운 기억도 희미하게 떠오른다.

  성장 후에도 수시로 물과의 잊을 수 없는 많은 연관 속에서 살아왔다. 평창군 진부면 수항 출장소 근무 시 마평리 하천 앞에서 물에 떠밀려 내려갔던 일, 양양군 관내 하조대 부근 해변에서 둘째 딸이 파도에 휩쓸려 바다 한가운데로 밀려갔던 일 등 지금 생각하면 등골이 오싹할 정도로 위험한 상황을 수없이 겪었다.

  항상 양면의 두 얼굴을 갖고 있는 것이 물의 생리이고 우리에게 보여주는 물의 실체의 모습이다. 우리는 최근에도 지구촌의 이상기온으로 인하여 세계 곳곳에서 물난리로 귀중한 생명과 재산을 잃고 실의에 빠져 허탈해하는 이재민의 모습을 지면이나 티브(TV) 등을 통해서 자주 접하고 있다.

일본 속담에 「버리는 신(神)이 있는가 하면 돕는 신도 있다(すてる 神あれば 助ける 神あり-수테루 카미 아레바 타수케루 카미아리」라는 재미있는 속담이 있다. 자연은 수마 등 무서운 재앙을 내리지만 재해가 아무리 무섭다 하더라도 사람이 꾸준히 노력하면 환란을 극복할 수 있도록 하늘이 돕는다는 뜻이다. 인간은 숱한 자연재해와 부딪치고 맞서오면서 난관을 헤쳐 오늘의 인류문명을 발전시켜 왔다. 우리가 좀 더 연구하고 노력한다면 언제고 재해를 분명 극복할 수 있는 날이 멀지 않을 것이다.

물이 어떻게 활용되느냐에 따라 소중하고 이로운 물이 되는가 하면 무섭고 두려운 재앙의 물이 될 수도 있는 것이다. 슬기로운 물 관리를 통해 물의 소중함과 귀중함도 느끼면서 좀 더 유용하게 활용 할 수 있는 연구가 지속적으로 필요한 이유다. 한여름 일시에 쏟아져 강으로 바다로 흘러가는 많은 빗물도 이제는 지구촌 부존자원의 차원에서 관리하고 보존하는 방법도 서둘러 같이 논의 되고 시도해 볼 시점이 된 것 같다.

내가 물 중에서도 가장 좋아하고 친근감을 느끼는 물이 미감수(米泔水) 즉 쌀뜨물이다. 어쩌다 보니 우리 집의 아침밥 짓는 당번이 본의 아니게 내가 맡게 되었다. 어느 날 식구들과의 얘기 중 엉겁결에 수락한 것이 잘못돼 한동안 중노동에 시달리게 되었다.

새벽의 이른 아침 알람 소리에 제일 먼저 찾는 곳이 싱크대 앞이다. 일일이 때마다 밥을 짓는 것이 귀찮고 어렵기에 아침밥을 지을 시 아주 저녁밥까지 한꺼번에 짓는다. 새벽녘 수도꼭지 끝에서 힘차게 쏟아져 내리는 물줄기가 그렇게 시원할 수가 없었다. 쏴~하고 쏟아져 내리는 물줄기 속에 어제 하루의 피로가 한꺼번에 쓸려 내리는 기분이다.

바가지 안에서 쌀을 씻을 때 뽀얗게 울어 나는 쌀뜨물이 손바닥에 닿으면서 작은 소용돌이를 칠 때 느껴지는 감응(感應)이 그렇게 좋을 수가 없었다. 매끈매끈 와 닿는 우유빛 작은 물결이 손등을 간질인다. 하얗게 몰려왔다가는 다시 하얗게 부서지는 쌀뜨물의 소리 없는 작은 물살들이 생명의 근원을 일깨워준다. 손가락 사이로 쉼 없이 빠져나가는 우유빛 물살을 바라보면 어머니의 끝없는 사랑을 연상하게 된다.

모든 생명의 시원(始原)이 어머니의 젖가슴을 통해 세상에 나오듯, 하얗게 묻어나오는 유액 같은 쌀뜨물이 어머니의 지고지순한 젖 줄기처럼 느껴진다. 손등에 스치면 스칠수록 부드럽고 향기로운 촉감이 넘쳐나는 것이 하얀 우유 빛 쌀뜨물이다.

이 뽀얀 뜨물 속에 오늘 하루 우리 가족들의 활기찬 생활을 유지 시켜주는 귀한 쌀들이 살아 숨 쉬고 있구나 생각하면 그렇게 소중해 보일 수가 없었다. 때로는 개수대 구멍에 그냥 쏟아 붓기가 너무 아까워 손목을 담근 채 고루고루 한참을 적신 후 천천히 흘려보낸다.

쌀뜨물 위에서 헤엄을 치듯 요리조리 떠다니는 쌀알들을

지켜보다 보면 옛 시절 어려웠던 추억의 한 장면이 떠오른다. 한때는 쌀이 너무 귀해 보리 혼식을 장려한 적도 있었다. 관계 공무원들이 일일이 식당을 쫓아다니며 밥솥을 열어보고 밥상을 확인하는 웃지못 할 시절도 겪었었다.

우리가 주변에서 무심코 취급하던 쌀뜨물이 이렇게 소중하고 귀한 것인 줄은 나도 예전엔 미처 몰랐었다. 우리 속담에 「뜨물로 만든 놈이다」라는 속언이 있다. 사람 구실 못하는 어리석은 사람을 이르는 말이지만 뜨물 속에 숨어있는 진실과 깊은 내용을 모르고 하는 말 같다.

뜨물의 생성(生成) 없이는 맛나고 따뜻한 밥을 절대 지을 수가 없기 때문이다. 나 역시 밥 짓는 늙은이가 된 이후에야 세상에서 가장 소중하고 귀한 물이 쌀뜨물이란 것을 처음 가슴으로 느꼈다. 또한 이런 일거리를 통해 가족의 한 일원으로 아직은 할 일이 있구나 하는 존재감과 보람도 같이 느낄 수 있었다.

때로는 가끔 실수를 하는 바람에 가족들을 놀라게도 하고 불편하게도 만든 경우도 종종 있었다. 어느 날은 식구들이 따뜻한 아침밥을 못 먹고 일회용 햇반으로 대신하고 출근을 하였다. 전기밥솥에 쌀을 씻어 안쳐놓고 그만 깜빡하여 취사 버튼을 누르지 않고 아침 운동을 나갔다 왔더니 그사이 식구들이 난리가 났다. 한번은 버튼을 잘못 눌러 보온으로 기능이 바뀐 것을 모르고 몇 시간 후에 밥솥을 열어보니 완전히 밥이 설어 있었다. 망연자실한 가족들의 얼굴 속에 결자해지(結者解之)라고 죽을 쑤어 3일간 혼자 먹느라 애를 먹기도 했었다.

여러 가지 실수를 저지르면서 숙련되고 성숙 되어 가던 중 가슴 시린 이야기 하나를 접하게 되었다. 어느 날인가 새벽에 일어나 아침밥을 짓기 위해 쌀을 뜨려는데 바가지에 딸려 나오는 것이 하나도 없었다. 깜짝 놀랐다. 쌀이 떨어진 것을 미처 몰랐었다.

때마침 아파트 인근에 동내 슈퍼가 있어 작은 쌀 한 봉지를 사서 급히 아침밥을 지은 적이 있었다. 50대 초반의 슈퍼 가게 아주머니가 체구가 작고 가벼운 몸매이지만 항상 웃음과 친절함이 몸에 배어 있었다.

「영감님 아침부터 어느 집에 선물하시려고 쌀을 사 가세요?」 하기에 아무 생각 없이 「아침밥을 지으려고 보니 쌀이 떨어 졌어요.」 하니 다시 살짝 웃으면서 「아유~영감님 농담도 잘하셔. 아침부터 선물 받으시는 분은 누군지 좋겠다.」 이 말을 듣는 순간 아차! 살아가는 서로 간의 분위기와 가족의 정서가 다르구나 생각이 거기까지 미치니 더 이상 할 얘기가 없었다. 말을 더 해봐야 변명으로밖에 들리지 않을 것 같아 그냥 웃고 말았다.

이렇게 밝고 상냥하던 아주머니께서 갑자기 몸이 좋지 않아 가게도 새로운 분에게 넘기고 힘들게 투병 생활을 하고 있다는 얘기를 지인으로 부터 듣게되었다. 동내 반장 격으로 아파트 주민들과 격의 없이 스스럼없이 얘기를 주고받고 속내를 털어 놓던 성격이 아주 활달한 분이었다.

가게 앞을 지날 때마다 상글상글 환히 웃던 아주머니의 미소 띤 모습이 아른거리며 머릿속에 자꾸 떠오른다. 아주머니 쌀 떨어지면 또 찾아 갈 수 있도록 하루빨리 쾌차하세요. 그리고

「아유 ~ 영감님 농담도 잘하셔...」 그 얘기를 다시 한번 더 꼭 들려주세요.

　새벽녘 여명이 떠오르는 창가를 바라보면서 오늘도 슈퍼 아주머니의 건강이 하루빨리 회복되기를 마음속 깊이 빌고 또 빌어본다.

어머니가 아끼시던 아버지의 유품(遺品)

아버님이 세상을 떠나신 지도 어느새 반세기를 훌쩍 지났고 어머님이 돌아가신 지도 오랜 세월이 흘렀다. 두 분께서는 혼란하고 배고팠던 시기를 정신없이 살다 가신 분들이다. 혹한의 일제강점기를 숨 한번 제대로 쉬지 못하고 고통으로 힘든 세월을 보내셨다.

태평양전쟁이 끝나고 일본의 패망과 함께 격랑의 세월 속에서 민족의 염원인 해방을 맞았지만 또다시 북한의 남침으로 민족상잔인 6·25 동란을 몸소 겪으셨다. 다시 정치적인 혼란이 이어지면서 4·19 혁명과 5·16 군사 정변이라는 현대사의 소용돌이 앞에서 자신들을 돌볼 틈도 없이 노년을 맞았다. 그런 가운데서도 오로지 자식들의 앞날을 위해 몸과 마음을 다 바쳐 헌신하다가 돌아가신 평생을 가난 속에 허기진 삶을 사셨던 분들이다.

어머니는 자식들과 함께 살아가면서도 세상을 먼저 등진

아버지를 많이 그리워하셨다. 아버지는 젊은 시절 힘이 장사였고 상당히 다부진 모습이었다고 한다. 고향인 충청도 은티 골에서 씨름대회에 나가 여러 번 우승을 한 일도 있으시고 달리기를 잘해서 면민 체육대회에 단골 선수로 활약을 하시기도 했다고 한다.

어느 해인가 그 해에도 면민 체육대회에 출전해서 계주의 마지막 주자로서 사력을 다해 첫 번째 선두 주자로 달리셨다. 우승이 확실시되는 가운데 골인 지점을 30여 미터 앞두고 갑자기 곤두박질을 치셨다고 한다.

주민들이 버린 수박 껍질을 잘못 밟아 순식간에 미끄러지는 통에 아쉽게도 상대편에게 우승컵을 넘겨주었다고 하신다. 수십 년 전의 일도 어제의 일처럼 생생하게 기억하시면서 아버지의 청년 시절의 무용담을 때때로 자식들에게 옛날이야기처럼 들려주시곤 하셨다.

내가 보관하고 있는 부모님의 유품 중에는 어머니께서 가장 아끼시던 아버지의 도장 한 점도 같이 간직하고 있다. 지금도 기억난다. 아주 어린 시절 국민(초등)학교도 입학하기 전 어머니께서는 농장 속 깊은 곳에 손수건으로 곱게 싸인 도장을 보여주시며 상당히 자랑스러워하셨다. 그 당시 어린 나이의 눈으로 보아도 엄청 좋아 보였다.

아버지의 체취가 묻어나는 도장을 지켜보노라면 지나간 옛 시절이 가슴 저리게 회억 되곤 한다. 근 70여 년 전의 일들이 한 편의 영화 필름처럼 머릿속을 스쳐 지나간다.

작은 쪽방 모서리에 놓여 진 석유 등잔 아래서 흔들리는 불꽃을 머리에 이고 옷을 깁던 어머니의 모습이 희미하게 떠오른다. 곱게 가르마를 탄 쪽머리에 비녀를 꽂으신 채 밤새 옷감을 마름질 해가면서 한 땀 한 땀 바느질로 밤을 지새우셨다. 가계에 보탬이 되도록 동네 곳곳을 찾아다니며 수시로 일감을 얻어 오셨다.

살림살이가 힘들 때는 농장 속 도장을 가끔 식 꺼내보면서 깊은 생각에 잠기기도 하셨다. 타관 객지 먼 곳에서 가족을 위해 밤낮없이 일하는 남편을 그리워하며 가장의 부재(不在)를 홀로 쓸쓸히 달래셨던 것 같다. 도장의 색채가 맑은 황색 바탕에 은은한 우유빛 색깔이 감도는 상아 도장이었다. 검정 색 가는 실선을 따라 학 한 마리가 한 쪽다리를 치켜세운 채 어딘가를 응시하듯 먼 하늘을 쳐다보고 있는 고고한 모습이었다.

어머니는 "이 도장을 갖고 뒷간(변소)을 가면 절대 안 된다."고 누누이 강조하셨다. 그 당시만 해도 모든 가정이 재래식 변소였다. 당신께서는 이 도장을 마치 신주 단지 모시듯 소중하게 간수하고 계셨던것이다. 어머니의 말씀으로는 도장의 재질이 상아이기 화장실에 가면 냄새(암모니아)로 인해 순식간에 금이 가고 결이 갈라 터진다고 하셨다.

지금도 어머님의 말씀이 뇌에 각인되어 무의식 속에 경계의 목소리가 들려오는 것만 같아 아버지의 유품인 도장을 접할 때는 조심스러운 마음이 앞선다. 정말로 그럴까? 설마 그런 일이 일어날 수 있을까? 직접 겪어 보지를 못했기에 진위 여부를 알 수 없지만 혹시나 하는 마음에 요즘도 화장실 쪽으로는 절대 갖고 가지를 않는다.

　반신반의하면서도 어머니의 말씀을 거역할 수 없어 신성불가침의 영역으로 여기고 평생을 살아왔다. 백발이 성성한 자식의 마음 한구석에서는 아직도 어머니의 말씀이 감히 범할 수 없는, 마치 금단의 성역처럼 받아들여지고 있는것이다.

　또 한편으로는 얼마 안 되는 아버지의 유품인 만큼 귀중히 간직하라는 깊은 뜻이 숨겨진 어머니의 간곡한 유언처럼 들리기도 하였다.

　그러기에 어머니께서 신신당부하던 금기(禁忌)의 말씀을 또 하나의 유산(遺産)으로 생각하고 자식들에게도 잊지 않도록 그대로 전해주고 싶은 마음이다. 다음 세대들이 할머니의 깊은 사랑을 이해하고 할머니의 말씀을 기억하는 계기가 되었으면 하는 마음이다.

　인간은 후회하면서 평생을 살아간다고 한다. 옛말에도 「거이불견 자친야-去而不見 者親也」라고 했다. 어버이를 기리는 마음은 간절하건만 한번 가시면 다시는 뵐 수 없는 것이 부모님이시다. 부모님이 떠나고 나서야 뒤늦게 사모의 정이 솟구치니 이 어찌 불효의 길을 피할 수가 있을까?

　자식들은 압니다.

　당신들의 모진 희생과 아픈 눈물이 있었기에 자손들이 이 땅에서 건강하게 존재할 수 있었다는 것을... 사랑합니다. 영원히 사랑합니다.

　이제는 모든 근심과 걱정을 내려놓으시고 평안히 영면하옵소서.

옛 추억 속 악동(惡童)들의 가지서리

뒤돌아보니 까마득한 세월이었다. 지금 얘기하면 젊은 사람들이나 자라나는 아이들은 설마 하며 고개를 갸웃거릴 것이다. 정말 그런 시절이 있었을까? 참으로 어려웠던 한 시대의 삶의 모습이었고 먹고살기 위해 발버둥 치던 50~60년 전의 우리들의 자화상이기도 했다. 6·25 전란의 참화는 모든 것을 잿더미로 만들어 놓았다. 마을이고 건물이고 거리고 간에 번듯한 것 하나 없던 절망의 세월이었다.

당시로서는 먹고 살아남아야 한다는 것이 절체절명의 최우선 과제였다. 한때는 미국으로부터 원조물자가 갑자기 끊겨 서민들이 초근목피의 상황으로 내몰렸고, 땔감이 부족해 아궁이 숫자마다 연탄 한 장씩을 배정받아 어렵게 생활을 이어 나가야 했었다. 우리 세대는 이렇게 해서 힘든 보릿고개를 눈물로 넘겼었다.

모든 것이 변하였다. 사람도 변하였고 주변도 변하였고 삶의 환경도 변하였다. 먹거리가 넘쳐나고 가는 곳곳마다 편의시설

증진과 문화공간이 확대되어 삶의 질이 그때와는 비교가 안 될 정도로 많이 향상되었다. 단군성조의 개국 이래 반만년 역사 가운데 가장 윤택하고 풍요로운 시절을 맞고 있는것이다. 당시 배고픈 시절은 이제는 호랑이 담배 피우던 옛이야기가 되었고 아득한 세월 속에 묻힌 전설이 되어 버렸다.

오랜만에 아침 식탁에 가지무침이 올라왔다. 맛있게 버무려진 가지 한 가닥을 살그머니 집어 올린다. 젓가락 사이로 흔들리는 짙은 보라색 피부에 하얀 속살이 파르르 너울춤을 추어댄다. 가지는 모발 성장과 콜레스테롤 수치 감소를 가져오고 심혈관계 보호와 시력 향상에 크게 도움이 되는 건강식품이라고 한다.

모처럼 가지무침을 먹다 보니 어린 시절 동네 꼬마들과 어울려 인근 마을 밭에서 가지 서리로 배를 채우던 어렵고 가난했던 시절이 갑자기 생각이 난다.

우리 꼬마들은 학교 수업만 끝나면 모여서 강원대학 연못으로 해서 효자동 두아리 연못으로 하루 진종일 떼를 지어 쏘다니는 것이 일과이었다. 강원대학 연못에서는 바짓가랑이를 치켜 올리고 우렁이를 잡아 구워 먹는 재미로 하루를 보냈고 두아리 연못에서는 생명의 소중함을 모른 채 호투 잠자리 잡기 내기로 뜨거운 한나절을 보냈다. 때로는 강원대학 뒷산이나 인근의 가까운 산을 쏘다니며 칡뿌리를 캐어 단물을 빨아 먹는 재미로 하루해가 지는 줄을 몰랐었다.

그날도 강원대학 연못가에서 실컷 놀다가 그 부근의 산등성이

가지 밭에 숨어 들어갔다. 널찍한 밭 한가운데 짙은 보라색 가지들이 주렁주렁 실하게 달려 있었다. 지금 같아서는 날로 먹으라면 손사래를 칠 판 이었지만 그 당시는 배가 고파 그나마도 없어서 못 먹는 형편이었다.

 동네 꼬마들은 가지 밭의 깊은 골을 따라 낮은 포복으로 기어가면서 엎드린 채 싱싱하고 풋풋한 날가지를 허겁지겁 따먹기에 바빴다. 어느 정도 허기를 면하고 나서 몇 개씩 여유 있게 더 따서 양쪽 주머니까지 가득 채워 넣었다. 그리고 다시 살금살금 기어 밭 한가운데를 빠져나오는데 누군가 길을 막고 있었다.

 꼬마들은 기겁을 한 채 방향을 틀어 반대쪽으로 메뚜기 날아오르듯 사방으로 흩어져 도망을 쳤다. 입속에 넣었던 가지는 삼키지도 못하고 밭고랑에 뱉어버리고 주머니 속 가지들은 숲속으로 던져버리고 죽어라 하고 내 뛰기 바빴다. 한낮의 태양이 쏟아지는 뜨거운 밭 한가운데서 잡으려는 손길과 내빼려는 발걸음이 뒤엉켜 한동안 난장판이 벌어졌다.

 도망가는 데는 한계가 있었다. 뛰어봐야 벼룩이었고 날아봐야 부처님 손바닥 안이었다. 건장한 주인아저씨의 발걸음을 당해낼 재주가 없었다. 뛰다 보면 어느새 앞쪽으로 돌아와 험한 얼굴로 딱 버티고 서 있었다. 다시 옆으로 비켜 내 뛰어 보지만 아저씨의 번개같이 빠른 큼직한 손에 뒤통수의 가느다란 목덜미가 잡혀 옴짝 달싹 못했다.

 한 명이 잡혀 오고 또 한 명이 잡혀 오고 한참을 도망 다니다 결국은 다 잡히고 말았다. 일곱 명이 고개를 떨군 채 햇볕이 쨍쨍 내려쬐는 밭 한가운데서 두 손을 들고 땀으로 범벅이 된 채 벌을 섰다.

가지를 몇 개 따 먹었느냐는 물음에 우리는 안 따먹었다고 시치미를 떼어 보지만 주인아저씨의 머리는 우리 정수리 꼭대기에 앉아 있었다. 우선 손을 내밀어 보라고 한다. 손톱 밑으로는 이미 푸르스름한 가지색이 짙게 배어있었다.

이번에는 막대기를 허공에 휘두르면서 혀를 길게 내밀어 보라며 잔뜩 겁을 준다. 어쩔 수 없이 무릎을 꿇은 채 입을 크게 벌려 혀를 길게 쭉 내밀고 보니 친구들의 혓바닥이 모두 푸른 가지색으로 새파랗게 물들어 있었다.

모두 할 말을 잊었고 두려움과 무서움에 눈물만 흘렸다. 겁에 질려 숨도 제대로 못 쉰 채 한참 동안 주인아저씨의 엄한 질책과 훈계의 말을 들어야 했다. 다시는 못된 짓 안 하겠다고 서약을 하고 알밤 서너 대씩 맞고 한 시간 여 만에 혼쭐이 난 채 풀려 나온 기억이 새롭다.

그 이후로 나이 들어 가지서리를 했던 그곳을 다시 한번 둘러보았다. 지금은 주변 환경이 어림조차 할 수 없도록 많이 변해 있었다. 현재의 강원대학 정문 입구 부근과 강원도 병무청이 자리하고 있는 곳이 그 당시는 완전 산골이었고 사람이 거주하지 않는 언덕배기 낮은 산과 황량한 들판과 밭뿐이었다.

이제 그 일대는 완전히 주택가가 되었고 대로(大路)로 변해 옛 자취를 찾을 수가 없었다. 단지 눈짐작으로 병무청 청사가 자리하는 부근 정도일 것 같다는 추측만 할 따름이다. 그 당시

혼을 내주던 아저씨의 얼굴도 잊혀 졌고, 가지가 주렁주렁 매달렸던 푸른 밭들도 모두 사라졌다.

　돌아서는 발길에 채 이는 것이라고는 검은 아스팔트에 회색의 보도블록뿐이었다. 모든 것이 세월 따라 변하였고 바람 따라 구름처럼 흘러갔다. 그리고 그때 같이 뛰어놀던 악동 중 일부는 이 고장을 떠났고 몇은 벌써 이 세상 사람이 아니었다. 다 어디로 갔을까? 모두 어느 곳으로 사라졌을까?

　그래도 힘들고 고달팠던 지난날의 옛 추억이 다시 한번 그리워지는 것은 무슨 이유에서일까? 이제는 영원히 돌아갈 수 없는 어린 시절 철없던 옛 세월이 새삼스레 그리워진다.

칠순(七旬)의 세월과 전주(全州)의 만남

그간 나도 모르게 많은 세월이 흘러간 모양이다. 어느새 내 나이가 칠순을 맞고 있다. 딸들과 사위들, 손주와 함께 무창포 해변에서 가족들끼리 환갑연을 한 것이 엊그제 같건만 어느새 또 10여 년의 세월이 눈 깜빡할 새 지나갔다.

곧게 쭉 뻗은 고속도로를 마음껏 달리다 보니 마음이 상쾌하고 가슴이 탁 트인다. 자연의 아름다움이 눈가의 시선을 넘어 뼛속까지 스며든다. 해가 저물 때 즈음 우리 부부는 전주 시내에 당도했다.

이미 저녁 늦은 시간이라 부근 식당에서 식사를 마치고 마당 한가운데 마련된 쉼터를 찾았다. 두 마리의 부부 홍학이 사이좋게 먹일 찾고 있었고 노송과 황토벽이 지난날의 옛 정취를 자아낸다. 거대한 물레방아가 돌아가면서 의미 없이 시간에 맞춰 물을 쉴 새 없이 쏟아낸다. 전주의 밤공기를 마시면서 집사람과 같이 하는 한 잔의 커피 향기가 오늘따라 더욱 감미롭다.

다음 날 아침 날씨가 아주 화창하다. 호텔 건물 아래로 전주 시내의 모습이 한눈에 들어온다. 바로 밑에 펼쳐지는 수 백 여 채가 넘는 한옥 마을의 전경과 그 옆으로 즐비하게 늘어선 고층 빌딩들이 마치 서로를 감싸 안 듯 마주 보고 있었다. 지나간 시대의 역사적 현장과 현대적 문명이 한데 어울려 조화와 융합을 그려내는가 하면, 과거의 시간과 현재의 시간이 충돌하고 있는 것 같은 묘한 감정을 불러일으킨다.

전주 시내를 차근히 다 돌아보려면 한 달이 걸려도 다 못 볼 것 같았다. 오밀조밀 한 데다 아기자기 하면서도 민초들의 따뜻하고 부드러운 삶이 조용히, 은은하게 펼쳐져 있고 역사의 묵은 향기가 길목마다 곳곳에서 묻어난다. 뭔가 생각하게 하고 생각나게 만들어 주는, 그래서 다시 한번 사랑의 눈길과 연민의 감정을 풀어놓아야만 될 것 같은 이끌림과 돌아봄의 마력이 서린 곳이다.

번잡한 거리를 좀 벗어나니 천연 옥돌을 직접 현장에서 새겨주는 전주한옥마을 수제도장 새김 터(서예 공감 서화각)가 있었다. 큰손주 김현서는 청색 옥돌에 觀(관)자를, 둘째 손주 김현준은 흰색 옥돌에 慧(혜)자를, 셋째 손녀 정지안은 붉은 옥돌에 樂(락)자의 덧말에 각자의 이름을 한글로 예쁘게 새겨 넣어 주었다.

觀(볼관)자는 세상을 넓게 보고 큰 뜻을 품으라는 뜻이고, 慧(슬기로울 혜)자는 세상을 지혜롭고 현명하게 살아가라는 뜻이며, 樂(즐거울 락)자는 세상을 즐겁고 평안하게 살아가라는 외할아버지, 외할머니의 간절한 염원을 담아주었다.

걷다 보니 전주 한옥 마을의 국제 슬로시티 지정을 소개하는 현판이 세워져 있었다. 「전주 한옥 마을은 국제 슬로시티 연맹으로부터 2010년11월27일 국제 슬로시티로 지정되었습니다. 서울이 한국 행정의 수도라면 전주는 한국 전통문화의 수도 라고 밝히고... 슬로푸드의 대표 음식 비빔밥과 세계 무형 문화유산인 판소리를 온전히 간직한 곳으로 거대한 전통박물관이라 할 수 있습니다.」

다시 발걸음을 전주남부시장으로 돌려 곳곳을 구경하면서 재래시장의 모습을 보았고 그 유명하다는 「피순대」도 줄을 서서 기다렸다가 맛을 보았다. 저녁은 전주비빔밥 집에서 먹었다. 은근함이 스민 묵직한 놋쇠 그릇의 비빔밥이 지역의 전통적인 맥을 이어주면서 고전적인 식감과 함께 식객의 품위를 한층 더 해준다.

이어 태조로를 관광했다. 여기 역시 복잡한 번화가로서 수많은 관광객들이 붐비고 있었다. 부근 작은 연못 가운데 엄청난 크기의 원형(圓形)자연석이 높이 서 있었다. 마치 지구촌의 곳곳을 내려다보며 큰 꿈을 꾸고 있는 대형 문어의 머리통을 보는 것 같았다. 조형물의 이름을「문어 대몽석(大夢石)」이라고 마음속으로 지어 주었다. 너무도 우람하고 신기하고 별나게 생겼기에 시 한 수로 당시 느낀 감흥과 그 형상을 나름대로 표현해 보았다.

이어서 황손의 집 승광재(承光齋)를 돌아보았다. 대원군의 증손자이자 고종황제와 명성황후의 직계 손자이신 황손 이석 님이 사시는 곳이다. 승광재는 대한제국 연호인 광무에서 빛 광(光)자와 뜻을 이어간다는 이을 승(承)자를 따서 고종황제의 뜻을 이어가는 곳이라는 의미에서 지어진 이름이다.

전주는 조선 황실의 발상지이자 태조 고황제 이성계 장군 선친들의 본향이다. 하루 종일 걸으며 유적지 등을 관람하다 보니 어느덧 전주에서 두 번째의 날도 저물어간다.

다음날 전주에서 2박 3일의 여정을 마치고 귀향길에 올랐다. 도(道) 경계를 지나 저 멀리 강원도 관내 휴게소가 보인다. 도민의 투박한 성품과 푸근한 인심이 먼저 마음에 와닿는다.

이번 여행은 비록 짧은 기간이었지만 살아온 내 생의 인생 결산 같은 그런 의미 있고 뜻깊은 귀한 시간이 되었다. 지면을 통해서나마 집사람과 딸들, 사위들, 손주들에게 고맙고 감사하다는 말을 전하고 싶다.

또 한 가지 금년(2018년) 들어 내 삶의 한 부분인 문학 활동에도 작은 결실이 있었다. 아직은 미숙한 부분이 많지만 칠순에 때맞추어 「거울 속 능력 있는 여자」 「영화 속 이야기 토쿄타워」 두 권의 수필집을 편찬하게 되었다. 작으나마 나의 삶을 뒤돌아보는 소중하고 귀중한 분깃점이 되었다. 앞으로 새로운 여생을 보람 있고 후회 없는 시간으로 만들어야 할 터인데… 걱정과 근심 속에 이루어 놓은 것 없이 오늘 또 하루가 지나간다.

[문어대몽석[大夢石]]

시우(時雨) 조세증

얼마나 많은 꿈을 키우고 있었니
얼마나 많은 희망을 가슴속 깊이 안고 있었니
작은 소(沼)마다 넘치는 영혼의 숨결 곳곳서 펼쳐지는 대 사습 놀이
만민의 흥겨움 속에 대망을 꿈꾸는 문어 대몽석

깊어지는 연민 대한제국(大韓帝國)의 향수
시공(時空)이 반복되고 교차 되는 태조로의 사거리
화려했던 태곳적 용궁(龍宮)의 옛 영화 오늘도 감추어진 전설을 찾아
별빛 잠긴 밤하늘 침묵으로 지키는 문어 대몽석

세계로 미래로 내일의 꿈을 향해
바다의 넓은 품 거친 파도 속 용틀임 치는 태양
새벽 푸른 기상 통일의 열정 실어 오대양 육대주 활짝 나래 펼쳐
웅비하는 전주시 새 역사의 파수꾼 문어 대몽석

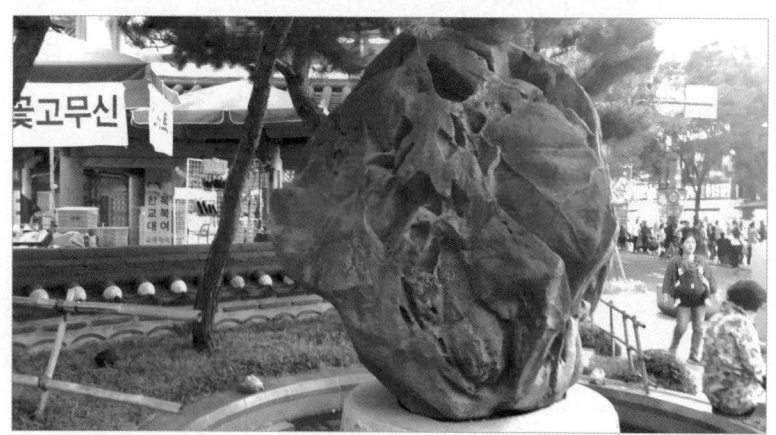

※ 전주시 태조로 사거리에 위치한 「문어 대몽석(大夢石)」(가칭) 2018.05.20.

「아이춘(春)」 「아이천(川)」 인사말 시민 운동 전개

　몇 해 전 어린 손녀딸 초등학교 입학식 날 가족의 일원으로 참석한 일이 있었다. 그간에 엄마의 품속에서만 놀던 햇병아리들이 자신들의 새로운 세계를 찾아가는 첫걸음을 떼고 있는 것이다. 재잘거리며 한시도 예쁜 입을 쉬지 않고 놀린다. 자기네 또래끼리는 정답게 '안녕'이라는 인사말을 나누면서도 선생님이나 친구 엄마, 동네 어르신들 한테는 무어라 말을 해야 좋을지 몰라 쩔쩔매는 것을 여러 번 보았다.
　그러다 힘들게 '안녕하세요' 인사를 한다. 어른들의 입장에서도 응대할 적당한 인사말이 없다 보니 어떤 분은 '그래 착하구나' 하는가 하면 '어느새 많이 컸네' '참 예쁘구나' 하는 형식적이고 무미건조한 인사말 정도였다.
　이럴 때 어색함 없이, 친소 구분 없이, 남녀노소나 나이와 직급에 상관없이 서로가 부담스럽지 않게 지역 사랑이 담긴 정다운 인사를 나눌 수 있는 방법은 없을까? 좀 더 다정다감하고 짧으면서도 간편하게 춘천의 이미지를 아름답게 상징하는 함축된 인사말은 없을까? 많은 생각을 하게 되었다.

  그러던 어느 날 적합한 인사말 하나가 떠올랐다. 많은 고민과 숙고 끝에 마침내 찾아낸 낱말이 「아이춘(春)」 「아이천(川)」 이다. 남녀노소가 거리낌 없이, 스스럼없이 아무 때고 어디에서고 간에 간단하고 편안하게 건네고 정답게 대화할 수 있는 인사말에 적격일 것 같았다. 누구든지 먼저 「아이춘」하면 「아이천」으로 응답 하거나 「아이천」하면 「아이춘」하고 응대 할 때 서로 지역을 사랑하는 마음과 신뢰감 그리고 동향의 지역정서가 깃든 일체감이 조성될 수 있을 것이다.

  지금도 여러 가지 인사 방법이 있지만 상하 지간이나 사제지간, 연상의 어르신, 남녀관계. 지인과의 밀착감, 동료 간의 친숙함의 차이 등에서 어려움이 따른다. '안녕'이라는 인사말은 상대방의 위상이나 인격에 손상이나 체면에 주름을 줄 수도 있는 것이다. 인사를 하는 쪽이나 받는 쪽 모두 잘못하면 오해의 소지가 다분히 있다.

  인사라는 것은 하는 쪽도 즐거운 마음과 존경하는 내심이 담겨져 있어야 하고 응답하는 쪽 역시 가볍고 쉽게 그러면서도 정이 가고 따듯한 감정이 살아 있어야 하는 것이다.

  「아이춘」 「아이천」 은 짧고 발음도 편하고 어감도 어색도 어의도 좋고 또한 읽고 쓰기 쉽고 간편하다. 영어로 I love Chun Cheon 을 약자화 해서 「아이춘」 「아이천」 하는 것이다. 또한 발음이 편안하여 동양권이나 서양권을 비롯하여 지구촌 모든 사람들에게 쉽고 친근하게 다가설 수 있을 것이다.

또한 지역의 특성과 명칭의 유래에도 꼭 들어맞는 인사말 같다. 춘천하면 '봄내'라고 뜻풀이가 된다. 따듯한 봄날에 냇가의 맑은 물이 졸졸거리며 흐르는 평화스럽고 안온한 한 폭의 수채와 같은 정경이다.

「아이춘」「아이천」하며 자기 고장의 이름을 에둘러 얘기하면서 서로 간에 살뜰한 정을 담아 아름다운 인사말로 따뜻한 마음을 드러낼 수 있는 것이다. 세대 간의 격차도 해소하고 남녀 간에 성별 구분도 뛰어넘고 직장에서 상하 간의 장벽도 허물고 사회생활 속에서 거리감도 줄여가며 누구나 쉽게 인사말을 건넬 수 있고 응답할 수 있다. 그 말속에 지역의 정서가 배어있고 고향의 사랑하는 마음이 녹아있다.

우리 고장에 어느 누가 찾아오더라도 지역의 인사말인 「아이춘」「아이천」을 통해서 서로 간의 정을 돈독히 하고 이웃과의 마음을 나눌 수가 있을 것이다. 또한 출향 인사들에게도 우리 고장의 인사말인 「아이춘」「아이천」을 통해 고향의 이미지를 다시 한번 심어주고 지역의 유대감을 높일 때 지역발전의 초석과 지역 사랑의 기틀이 될 수 있을 것이다.

우리 춘천 시민의 성정(性情)은 지세로 보나 산세로 보더라도 마음이 순박하고 맑고 부드럽고 온유하며 그러면서도 남과 각을 세우지 않는 고운 성품을 갖고 살아가는 정이 많은 사람들이다.

주변을 둘러싸고 있는 대룡산, 금병산, 삼악산, 화악산, 용화산, 청평산, 봉의산이 인자요산(仁者樂山)을 대변하고, 수 천 년을 유구히 흘러내리는 소양강의 푸른 물결과 봄철이면 시냇물이 곳곳마다 흘러넘쳐 옛 부터 지자요수(知者樂水)의 본향임을 일깨워 주고 있다. 이 모든 것, 높은 산과 맑은 물이 조화롭게 어우러져 지역 주민의 순수한 마음을 심어주고 키워주고 있는것이다.

  부드럽고 온화하고 끊임없이 이어지는 질박한 품성이 춘천 시민의 진정한 마음이고 참고 기다릴 줄 아는 여유로움이 이 고장 주민들의 특성 있는 지역정서이다. 천혜의 자연 속에서 남을 위해 이웃을 위해 선한 마음 착한 심성을 갖고 살아가는 것이 춘천 시민들의 근본이고 천성이다.

  나는 춘천을 사랑합니다.「아이춘(春)」. 나는 춘천을 좋아합니다.「아이천(川)」. 춘천 시민의 긍지와 함께 우리 고장의 인사말「아이춘」「아이천」이 더욱 빛나고 아름답게 활용되었으면 하는 바람입니다.

  산자 수려한 경관과 온화하고 순박한 시민의 품성, 지역 고유의 오랜 전통과 역사·문화가 일체가 되어 한층 살기 좋고 인심 좋은 활기찬 관광도시로 거듭나기를 간절히 소망합니다.

  아울러 손님맞이 범시민 운동의 일환으로 춘천을 찾는 외래 관광객들에게「아이춘」「아이천」인사말로 진정한 춘천 시민의 곱고 아름다운 성품과 미소를 보여줄 수 있다면 금상첨화가 될 것입니다.

  춘천 시민 모두에게 건강하고 행복하시기를 기원하며「아이춘(春)」「아이천(川)」인사를 드립니다.

6부

2018 평창동계올림픽과 체코 소녀와의 만남

박경리 '토지' 작가의 문학정신과 인간 승리

 화창한 봄날 문우들과 함께 문학기행에 올라 원주 관내 문화유적지와 관광명소 그리고 박경리 작가 자택을 비롯하여 여러 곳을 두루 돌아보았다. 특히 '박경리 문학공원'에 많은 관심을 갖고 방문하였다.
 마당에 들어서니 '토지' 작가 박경리(본명 朴今伊) 선생님의 온화한 체취와 책 향기가 아련히 느껴진다. 빈방을 둘러보면서 선생님께선 이곳에서 얼마나 많은 번민과 고뇌를 하시면서 영혼을 불사르고 열정을 쏟아부으셨을까? 한 인간으로서 감내하기 어려웠던 고난을 극복하면서 얼마나 많은 불면의 밤을 지새우셨을까? 까마득히 쌓아 올려진 원고지를 바라보며 인간 본연의 능력의 한계를 가늠해 본다.
 박경리 작가는 1926년 바닷가 통영에서 태어나셨다.(2008년 별세) 진주여고를 졸업하고 행복한 결혼생활 속에 딸과 아들 두 자녀를 출산하여 화목한 가정을 꾸리셨고 한때는 교편을 잡고 후세 교육에 전념하기도 하였다. 하지만 그 행복과 평온함은 오래가지를 못했다.

6·25 동란의 와중에서 남편과 사별하였고 미처 마음의 상처가 아물기도 전에 하늘이 무너지는 또 한 번의 아픔을 겪었다. 자식 기르는 어미의 애간장은 하루에도 열두 번씩 녹아든다고 한다. 그중에서도 가장 애통한 것이 자식을 앞세우는 일이다.

사랑하는 아들을 사고로 잃고 모진 세월을 눈물로 지냈다. 그 후에 다시 화재로 인해 식구들이 살아가던 보금자리마저 잃었다. 화마가 쓸고 간 자리에는 눈물마저 메말랐다. 설상가상으로 노후에는 폐암 선고까지 받았다.

'나는 슬프고 고통스러워 문학에 몰입했고 훌륭한 작가가 되기보다는 차라리 인간으로서 행복하고 싶다.'라고 고백한 것만 봐도 그분의 아픔이 얼마나 깊고 고통스러웠는지 짐작이 가는 대목이다.

절벽 같은 벼랑 끝의 세월 속에서도 불굴의 의지로 오직 글쓰기로 신념을 굳히면서 평생을 작가의 외로운 길을 걸으셨다. 갖은 고난과 숱한 난관 속에서도 어려움을 헤쳐 가며 주옥같은 수많은 작품들을 세상 밖으로 내놓으셨다.

그 가운데 높은 산맥처럼 우뚝 서 있는 첨탑이 대하소설 '토지'이다. 1969년에 집필을 시작해서 1994년 8월 15일에 마지막 장의 대미를 장식하였다. 장장 25년이라는 사반세기의 세월을 오직 열정 하나와 집념으로 책상 앞에 앉아서 한국 문단의 자랑인 '토지'를 완성하였다. 전체 5부 16권의 눈에 담기조차 버거운 우리나라 문학사의 한 획을 긋는 천추만세(千秋萬歲)에 빛나는 금자탑을 쌓아 올리셨다.

박경리 선생님은 마지막 마침표를 찍던 그날의 벅찬 감격을 '빙벽의 자일, 주술에 걸린 죄인이 된 기분으로 25년간 글 감옥에서 지난한 작업 끝에 토지가 완간되었다'고 술회하고 있다.

작품의 구상과 집필을 하셨던 창작의 공간을 둘러보면서 작가의 숨결을 찾아본다. 어디선가 선생님의 음전한 미소와 미세한 들숨과 날숨소리가 들려온다. 그 순간 마음속에 잠겨있던 애틋한 옛 감정이 다시 뭉클하게 밀려들면서 박경리 작가의 주변 이야기들이 머릿속을 섬광(閃光)처럼 스쳐 지나간다.

그중에 하나는 수년 전 서울 사는 딸이 「추전역을 아시나요?」* 수필집 한 권을 보내왔다. 책의 저자인 조헌 씨는 동국대학교를 졸업하였고 평생을 교사로 살아왔다고 했다. 재직 시는 우리나라 영화계 유명 배우 이병헌씨의 고등학교 3학년 담임을 맡았다고 한다. 그는 덧붙여 이병헌씨가 학창 시절부터 남다른 예능의 재질을 갖고 있었다며 옛 시절을 회상하고 있었다.

조헌 씨는 대학 시절 문학에 심취되어 박경리 작가 자택(원주 단구동)을 방문 하룻밤을 유숙한 한 적이 있다고 했다, 선생님께서는 자신을 가족같이 대해주시면서 많은 격려와 따뜻한 말씀을 해주셨고 지금도 기억나는 구절이 "문학공부 열심히 해봐요. 그럴 만한 가치는 분명있어요."고 당부하셨다고 한다.

---

* 「추전역을 아시나요?」: 조헌 지음 수필과 비평사 · 좋은 수필사(2020)

그는 교직에 근무하면서도 선생님의 격려 말씀을 기억하면서 틈틈이 글을 써왔고 지금도 선생님의 인자했던 당시의 모습을 잊을 수가 없다고 했다.

이제는 다시 들을 수 없는 다정한 목소리, 박경리 선생님께서 조헌 씨에게 격려하신 말씀의 내용 중 일부를 수록해 본다.

선생님께서는 삶보다 더 중요한 것은 있을 수 없다며, "겨울밤 호수에 나가보면 매서운 날씨 탓에 호수 전체가 꽁꽁 얼어도 오리가 있는 곳은 얼지 않는데 그건 오리들이 끊임없이 날개를 퍼덕이기 때문"이라고 했다, "밤을 꼬박 새워가며 고된 날갯짓을 멈추지 않는 오리들처럼 우리의 생존도 만만치 않은 거라면서 그래선지 난 여태껏 '글 쓴다'는 말을 한 번도 해본 적이 없어요. 언제나 '일한다.'고 했지요".

또 하나는 수십 년 전 중앙일간지에서 박경리 작가의 수수한 옷차림의 모습이 사진과 함께 실려 있는 기사를 우연히 보게 되었다. 선생님이 홀로 어린 아기를 업은 채 인적 드문 외진 곳 덩그렇게 높기만 한 벽을 따라 서성이고 있는 모습이었다. 아마 '토지' 소설의 중간부를 연이어 탈고하고 나머지 완간을 위해 모든 노력을 기울이던 시기인 것 같았다. 흐릿한 기억이지만 아마도 1970년대 후반기 영등포 교도소 담벼락이 아니었나 생각이 든다.

한국 현대사의 일그러진 그늘 속에서 가족의 일원으로 시대의 아픔을 몸소 같이 겪어야 했던 선생님의 그 담담한 모습이 어렴풋이 그려진다. 한국문학의 대문호 박경리 선생님께서 소박하고 소탈한 모습으로 어린 손주를 등에 업고 강보를 허리에 두른 채 교도소 주변을 배회하고 있었다.

 그때 그 신문을 보면서 나도 모르게 박경리 작가에 대한 연민으로 눈시울이 뜨거워졌다. 유신(維新)의 푸른 서슬 아래 모두가 눈을 감고 귀를 덮고 입을 닫은 채 말없이 가슴을 졸이며 살아가던 시절이었다. 당시「지하」라는 필명으로 군부 정권에 반대하는 대표적 저항 시인이었던 김지하 씨가 바로 박경리 선생님의 사위이었다.

 김 시인은 1970년 오적(五賊)을 발표하여 세상을 놀라게 했다. 그는 그 사건으로 인해 1개월간 투옥되기도 했었고 그 시를 실었던 '사상계'는 폐간이라는 철퇴를 맞았다. 그 후에도 그는 여러 번 교도소에 수감 되었다 풀려나기를 반복했었다. 1975년에 '고행-1974년' 옥중 수기 발표로 또다시 수감 되어 6년의 옥고를 치러야 했다. 투옥 중인 반체제의 저항 시인 김지하를 면회코자 애쓰시던 그분의 고단하고 애잔한 모습을 기사를 통해 읽을 수 있었다.

 신문 기사 내용의 끝부분에 "누가 이분을 대한민국 문단의 거목이고 유명한 '토지' 작가인 줄 어찌 알아보겠느냐' 며 독자들에게 되묻고 있었다. 선생님의 피곤하고 침울한 모습에 취재 기자 역시 안타까운 마음을 금치 못했던 모양이다. 박경리 작가의 인생 여정은 가시밭길의 연속이었다. 여기 선생님의 아픈 마음과 고단했던 삶의 자화상인 한편의 시(詩)중 일부를 실어 본다.

[옛날의 그 집] 　　박경리

(생략)
달빛이 스며드는 차거운 밤에는
이 세상 끝의 끝으로 온 것 같이 무섭기도 했지만
책상 하나 원고지, 펜 하나가 나를 지탱해 주었고
사마천*을 생각하며 살았다
(생략)
모진 세월 가고 아아 편안하다
늙어서 이리 편안한 것을
버리고 갈 것만 남아서 참 홀가분하다

　박경리 작가의 만물을 소중히 여기는 생명 사상과 인간 존엄의 휴머니즘(humanism)은 꺼지지 않는 불멸의 횃불이 되어 밤하늘의 큰 별로 영원히 빛날 것이다.
　선생님의 투철한 문학정신과 뜨거운 열정을 다시 한번 가슴 깊이 새기면서 모든 역경과 고난을 극복한 위대한 인간 승리에 옷깃을 여미고 존경과 경의를 표합니다.
　선생님의 평안한 영면(永眠)을 기원합니다.

---

* 사마천(BC145?~BC86?):진한시대 사기(史記)의 저자. 남자로서 죽음보다 더 치욕스러운 궁형(宮刑-거세형)을 당하였지만 이에 굴하지 아니하고 사기를 완성하여 중국 최고의 역사가로 칭송된다.

코로나19와 인류와의 전쟁

　참으로 이름도 설고 낯도 서른 전대미문의 무서운 복병(伏兵)이 우리도 모르는 사이에 찾아들었다. 사방이 적군이다. 어느누구도 예상치 못한 코로나19 바이러스의 기습으로 전 세계 인류가 휘청거리고 있다. 어느 쪽을 향하여 몸을 숨겨야 하는지, 방향을 모르고 헤매인 채 숨을 죽이고 살아가고 있는것이다.
　UN의 세계보건기구(WHO)에서는 홍콩 독감(1968)과 세계적으로 유행한 신종인플루엔자(2009)에 대해 팬데믹(pandemic)을 선언한 적이 있으며, 또다시 신종코로나 바이러스감염증-19에 대해 사상 세 번째로 팬데믹(2020)을 선언했다.
　그나마 다행인 것은 지구촌 각국의 나라들이 각고의 노력 끝에 코로나19 바이러스 퇴치를 위한 백신이 개발되었고 치료 약도 만들어졌기에 조만간 어둡고 힘난했던 터널 속에서 밝은 불빛이 서서히 보이기 시작한다.
　지나온 지구촌의 과거사를 뒤돌아보면 각종 질병과 전염병의 도전 속에 인류의 응전이라는 한시도 마음 놓을 수 없는 보이지 않는 바이러스와의 전쟁의 역사이었다.

그간에도 인류에게는 숱한 위기와 재앙이 끝이 없이 불어닥쳤다. 수년 전에 사스와 메르스도 겪은 사안이라 코로나19 역시 시간이 조금 흘러가면 잠잠해질 줄 알았던 것이 밑도 끝도 없이 지구촌 곳곳에서 창궐하여 인간의 생명과 생존을 위협하고 있다.

그뿐이 아니라 수시로 자신의 몸을 변화시켜 '델타'를 거쳐 '오미크론'으로 변신을 하고있다. 지금 이 순간에도 수많은 사람들이 코로나19로 인해 병상에서 고통 속에 신음하고 있으며 때로는 소중한 목숨을 잃는 아픔까지 겪고 있다.

아직도 끝나지 않은 코로나19로 인해 지금도 마음 졸이며 하루를 시작하고 하루를 마감한다. 우리 가족도 위험한 고비를 여러 번 넘겼다.

그간에 숱하게 겪은 사안 중의 하나이다. 큰 딸아이가 히포크라테스(Hippocrates)의 선서를 한 의료인이다. 그간 10여 년간을 쉴 틈 없이 현장에서 병마와 싸우며 소임을 다 하였기 새로운 재충전의 기회를 갖기 위하여 잠시 쉬고 있었다. 그런 중에 코로나19가 전국을 휩쓸며 의료 인력이 턱없이 부족하기만 하였다.

다시 업무에 긴급 복귀 투입되어 근 일주일간을 코로나19 퇴치를 위해 의사로서 사명을 다해 일선에서 종사하였다. 그러던 어느 날 퇴근하기 무섭게 열이 오르고 온몸이 쑤시며 기침을 하고 사람이 초주검이 되어 자신의 몸 하나를 어쩌지 못하고

기진맥진 쩔쩔매고 있었다.

  관내 보건소에 찾아가 의료인임을 알리고 급히 코로나 선별검사에 들어갔다. 내 평생 이렇게 긴 밤을 지새워 보기는 처음이었다. 딸아이의 증세는 밤새 호전될 기미를 보이지 않는다. 참으로 지옥 같은 시간이었고 칠흑 같은 어둠 속에 가슴이 졸여오는 무섭고도 두려운 밤이었다.

  만약에 코로나19에 감염되었다면 우리 가족들도 문제이지만 그녀가 진료를 본 많은 환자들에게도 이루 말할 수 없는 영향을 끼치게 될 것이다. 그것은 또다시 일파만파 걷잡을 수 없는 상황으로 치달아 수없이 번져 나갈 것이다.

  시곗바늘의 초침 소리가 이렇게 크게 울리고 이렇게 느리게 가기는 그간에 미처 겪어보지 못했던 처음 있는 일 이었다. 일각이 여삼추라고 긴긴밤을 숨죽여가며 뜬눈으로 지새웠다. 내 평생 처음 느껴보는 고통과 불안과 공포와 무서움으로 점철된 시간의 연속이었다.

  다음날 이른 아침에 검사 결과가 휴대폰 메시지를 통해 전달되었다. 다행히 음성판정이었다. 식구들 모두의 입에서 안도의 숨소리가 거실을 뒤덮는다. 전 가족이 밤을 새워 가슴을 졸이던 사안이 이렇게 해서 아무 탈 없이 무사히 넘어갔다. 딸아이는 어제의 급박했던 모든 일을 잊은 채 의료인의 사명을 다하기 위해 아침 일찍이 다시 현장으로 부지런히 달려간다.

  참으로 무섭고 두려운 세상이지만 인류는 최악의 상황 속에서도 항상 어려움을 극복하고 전진해 나아가면서 오늘의 찬란한 문화와 문명의 역사를 이룩하였다. 제아무리 사악한 코로나19라 하지만 전 세계의 인류가 뜻을 모으고 지구촌이 하나가 되어 적극적으로 대응할 때 조만간 극복될 것이라 믿어 의심치 않는다.

이런 때 일 수록 우리 모두가 개인위생은 물론 백신접종과 사회적 거리두기 마스크 착용 등 방역 활동에 협조하고 동참하여 하루 속히 코로나19 바이러스가 박멸 될 수 있도록 최선의 노력을 기울여나가야 할 것이다.

아직도 얼마나 더 많은 위험한 고비와 어려움이 몰려들지 모르지만 "이 또한 지나가리라." 나는 이 말을 믿는다. 그리고 나는 확신한다. 우리 인간의 능력과 인류의 지혜가 모아질 때 분명히 이 끈질긴 코로나19를 능히 극복할 수 있을 것이다. 그리고 좀 더 질병에서 벗어날 수 있는 안전하고 건강한 사회를 만들어 갈 수 있을 것이다.

예전의 평화롭고 행복한 일상이 다시 찾아들기를 바라면서 오늘도 이 모든 소망과 희망이 하루빨리 이루어지기를 간절한 마음으로 두 손 모아 기원 해본다.

현장에서 코로나와 싸우는 사랑하는 딸에게

　중국 우한(2019.12.31.)에서 원인불명 폐렴으로 코로나19가 UN 세계보건기구(WHO)에 보고 된 지 2년여가 훨씬 넘어가지만 변이 바이러스의 지속적인 출현으로 코로나 팬데믹의 끝이 아직도 보이지를 않는다. 이 시각에도 지구촌 곳곳에서 수많은 코로나 감염자들이 고통과 신음 속에 소중한 생명을 잃어가고 있다.

　오늘도 수백 미터 길게 늘어선 호반체육관 임시 PCR 선별검사장 내 사람들의 행렬이 현재의 코로나19의 심각한 실상을 말 없이 일러주고 있었다. 델타의 변이에 이어 오미크론이 또다시 스텔스 오미크론이 전 세계를 무섭게 강타하고 있다. 관계자들의 손길이 눈코 뜰 새 없이 바쁜 가운데 무거운 방역복으로 무장한 의료진들의 투박한 모습에 숨이 막힐 지경이다. 현장에서 열심히 코로나와 싸우고 있는 의료진에게 먼저 감사의 말씀을 전한다.

나 역시 코로나 선별검사장을 방문한 것이 세 번째에 이르고 있다. 한번은 의심 지역을 다녀왔기에 스스로 검사를 받았고 두 번 세 번은 행사장에 참여한 것이 화근이 되어 관내 보건소로부터 검사를 받으라는 메시지에 따른 검사였다.

언제 어느 곳에서 코로나의 복병을 맞닥뜨릴지 알 수 없는 불안하고도 무섭고 두려운 세상을 살아가고 있다. 참으로 난생처음으로 겪는 별나고도 끔찍한 세상을 경험하고 있는것이다. 예전의 평시에 누리던 일상이 그립고 이웃이 그립고 친구가 새삼 그리워지는 세상이다.

사람에게는 회귀본능이 마음속 깊은 곳에 자리잡고 있는 모양이다. 이웃과의 관계가 소원해지고 친구들과의 만남이 줄어들면서 왠지 모르게 지난날의 일들이 새삼 그리워진다. 때마침 책장 속에 숨겨진 옛날 옛적 때 묻은 일기장 한권이 눈에 들어온다. 누렇게 변색 되고 빛이 바랜 일기장을 한 장 한 장 넘길 때마다 예전의 어려웠던 시기의 눈물 자국들이 머릿속을 스친다.

당시는 앞이 안 보이고 길이 없을 것만 같은 그저 막막했던 절망적인 상황들만이 노트장을 빈공간 없이 꽉 채우고 있었다. 하지만 모든 것은 세월을 따라 어떠한 형태로든지 해결이 되어 흘러가기 마련이다. 그리고 때로는 지나간 것이 우리 가슴속에 추억으로 남아 다시 그리움을 자아내기도한다.

그때의 어렵고 괴로웠던 시간들을 삶의 자양분으로 승화시켜 어둠 속 가시밭길 터널 같던 시간을 극복하고, 이제는 히포크라테스의 선서 인이 되어 코로나 현장에서 열심히 일하고 있는 딸아이의 모습을 바라보며 지난날의 눈물 어린 일기장 한 페이지를 옮겨본다.

　사랑하는 딸아! 얼마나 가슴이 아프고 쓰리겠니? 옆에서 지켜보는 아빠의 마음이 이럴진대 이 큰 슬픔과 좌절을 너의 조그마한 가슴에 묻어 두기에는 얼마나 힘에 겨웠겠니? 다시는 돌이킬 수 없는 후회의 시간이지만 조금만 더 너의 말에 귀를 기울였다면 이 엄청난 마음의 상처들이 없었을 것을...
　너의 통통 부은 두 눈과 안경 너머로 소리 없이 빗금 쳐 흘러내리는 눈물을 볼 때 아빠의 가슴은 천갈래 만갈래 찢어지는 아픔이었다. 너의 자리를 다시 돌려놓을 수만 있다면 아빠는 주저 없이 그 길을 택해 너의 해맑은 미소를 지켜보고 싶었다.
　사랑하는 딸아! 이제 와서 이 아빠의 입장에서 너에게 무어라고 위로의 말을 해주겠니? 같이 맞붙잡고 둘이 실컷 울어 볼래? 아주아주 슬픈 마음이 다 눈물로 빠져 나오도록 ... 정말로 너의 얼굴 앞에서는 이 말도 할 수 없어 이렇게 지면을 통해 아빠의 마음을 전달코자 하는 것이다.

　사랑하는 딸아! 내키지 않는 마음이지만 거북스러운 현실을 이제는 가슴에 받아드리자. 그리고 이제는 우리도 고개를 들어야지. 마냥 고개를 숙이고 있으면 설움의 눈물이 자꾸만 더 빠져나오지 않겠니? 새로운 바람이 부는 쪽으로 얼굴을 돌려보자. 좀 더 고개를 높이 쳐들고 그런 아픔 가운데 좀 더 성숙해질 수도 있지 않겠니?

우리 멀리 여행이나 갔다 올까? 멀리 가기 싫으면 기차를 타고 가까운 강촌이라도 가볼래? 흰 눈이 내리는 산길을 따라 매운바람이 코밑에 불어오면 움츠린 어깨 위로 실가지 같은 하얀 입김을 겨울 하늘 한가운데로 마음껏 내뿜어보자. 그리고 눈 뭉치로 멀리 떨어져 말없이 버티고 서있는 얄미운 바위라도 실컷 때려주고 오지 않으련?

흰 눈이 걷히고 새봄이 오면 시냇물도 얼음 밑을 소리 없이 돌아서 넓은 바다를 향해 흘러가겠지. 우리도 이런저런 마음으로 지내다 보면 새로운 희망의 기회가 찾아 올 거야.

우리 가족 모두의 가슴속에 새로운 희망을 안겨주는 해맑은 너의 웃음소리를 아파트 베란다에서 다시 한번 들어보고 싶구나. 이제는 마음을 가라앉히고 고지를 향해 한 발 한 발 새롭게 준비하여 보자.

슬픔에서 일어나 희망과 용기를 갖고 무지개 빛 찬란한 진리의 전당을 향해 다시 한번 걸어가 보자. 저 너머 청춘의 상아탑이 너의 길을 예비하고 기다리는 곳으로 우리 모두 같이 손잡고 영광의 그날을 위하여 힘차게 또 힘차게 달려가 보자.

지난 시절 딸아이의 대학입시 실패로 끝이 안 보이는 미로의 어둠 속을 방황했던 세월이 엊그제 같건만 이제는 어엿한 의료인이 되어 자기 직분에 충실하고있다. 오늘도 일선 현장 최전선에서 코로나와 맞서 고군분투하는 그녀의 모습이 당당하고 대견스러워 보였다.

인류 역사상 전대미문의 코로나19 팬데믹 상황을 맞아 오늘도 밤낮없이 수고하는 의료진 여러분에게도 다시 한번 감사의 말씀과 함께 격려의 박수와 응원을 보내드린다.

 아울러 우리 모두 방역 지침을 준수하고 개인의 위생을 철저히 지켜가면서 오늘의 심각한 지구촌의 위기를 하루빨리 슬기롭게 대처해 나가야만 할 것이다. 우리는 확실히 믿는다. 어떠한 난관과 역경도 인류는 극복할 수 있다는 것을...

코로나 시대 귀하신 몸 마스크(mask)

온 나라가 발칵 뒤집혔다. 아니 온 세계가, 지구촌이 경악을 한 채 흔들리고 있다. 그 이름도 생소한 코로나19라는 괴물이 지구촌을 휩쓸고 곳곳마다 횡행하면서 휘젓고 다닌 지가 벌써 만 3년이 거의 다 되어간다. 2019년 말에 중국(우한)에서부터 시작된 신종 코로나 바이러스가 무섭게 전 세계를 강타하고 있는것이다.

2020년 들어서면서 코로나19가 걷잡을 수 없이 지구촌 전체로 확산되어 급기야 유엔의 세계보건기구인 WHO에서 팬데믹(pandemic) 상황을 선포하기에 이르렀다. 이런 급박한 상황 속에서 코로나19 전염 차단에 제 일등 방역 공신으로 마스크(mask)가 떠오르자 갑자기 귀한 대접을 받기 시작했다. 명성이 세계적으로 떨쳐 지면서 순식간에 그 많던 마스크가 어디론가 숨어들어 증발되듯 종적을 감추었다.

일부 몰지각한 상인들의 사재기와 돈에 눈이 멀은 업주들의 농간으로 현물을 공장이나 창고에 깊이 감추어 두는 등 공급유통의 질서가 일시에 무너져 내렸다. 마스크 품귀 현상이 벌어지면서 값이 천정부지로 치솟았고, 부르는 것이 값이었다. 그래도 없어서 못 사고 발을 동동 굴러야 하는 그야말로 순식간에 갑자기 귀하신 몸이 되었다.

정말로 문명 이전의 낯선 야만의 시대, 혼돈의 시대로 다시 돌아간 느낌이었다. 원시시대의 사람들도 아니고 달나라뿐만 아니라 그보다 더 먼 곳까지도 날아 갔다 되돌아오는 우주 시대를 살아가는 사람들이다.

정보통신산업의 최첨단 시대를 살아가면서 평소에 천 원 안팎을 하던 마스크 한 장을 손에 쥐고자 끝이 안 보일 정도의 긴 줄을 만들어야 했다. 한겨울 찬바람 속에 차례를 기다리며 서 있다는 자체가 우습기도 하였고, 만물의 영장이라는 인간이 한심스럽기도 하였다. 눈에 보이지도 않는 작은 바이러스 균에게 인간들이 꼼짝 못하고 이렇게 속수무책으로 당하고 있다는 것이 너무 무력해 보였고 서글퍼지기까지 하였다.

그렇게 한때 유세를 떨쳤던 마스크가 국가의 강력한 법 집행 시행과 유통 질서 확립, 신속한 물량 확보를 거치면서 마스크 대란 역시 역사의 한 페이지를 장식한 채 세월 속에 묻혀버렸다. 그저 옛날 옛적 지나간 호랑이 담배 피우던 시절 흘러간 지난 이야기가 되고 말았다.

나 역시 부족한 마스크를 더 구입 하기 위해 만사 제쳐놓고 현장으로 뛰어들어 고군분투하던 당시의 기억이 새롭다.

한번은 평소에 이용하던 약국을 찾아가서 낯익은 여성 약사 분께 마스크 이야기를 조심스럽게 꺼냈다. "우리도 못 구해요. 하늘의 별 따기예요. 세상, 세상, 오래 살다 보니 별난 세상을 다 보내요" 하면서 되레 어려움을 내 앞에서 호소한다.

그러다 갑자기 생각이 나셨는지 약장 깊숙이 감추어진 마스크 두 장을 내 앞에 꺼내 놓으신다. 누군가가 약국에 오셨다가 흘려놓고 간 것인데 열흘이 지났건만 찾아가지를 않는다면서 그냥 가져가라고 하신다. 이런 상황 속에서 마스크 두 장을 확보한다는 것이 여간 대단한 일이 아니었다.

가족들 모두가 눈이 뚱 그래지면서 어떻게 황금보다 더 귀한 것을, 한 장도 아니고 두 장씩이나 구해 왔느냐며 한마디로 영웅 대접에 칙사 대하듯 깍듯이 모신다. 정말로 웃지 못할 도깨비장난 같은 진기한 사건들이 대명천지 나라 곳곳에서 벌어지고 있는것이다. 아마도 우리나라에서 이런 세상, 이런 마스크 대란이 있을 거라고는 어느누구도 꿈에도 예측 못 했을 것이다.

또 한 번은 약국 앞에서 벌어진 진풍경이었다. 선착순 판매라기에 약국 앞에서 두 번이나 줄을 섰다가 두 번 모두 낭패를 봤다. 마스크를 판매한다는 소문을 듣고 허겁지겁 찾아가 보니 어느새 긴 줄이 뱀의 꼬리처럼 늘어져 있었다. 한겨울에 시려 드는 손가락을 호호 불고 얼어붙은 귓바퀴를 두 손으로 문질러가며 한 시간 이상을 줄을 선채 추위를 무릅쓰고 순서를 기다렸다. 첫 번째 헛탕은 바로 내 앞 바로 앞줄에서 절품이 되는 바람에 어이없이 빈손으로 돌아왔고, 두 번째 헛탕은 오랜 시간을 넓은 마당 한가운데서 줄을 서서 기다리던 중 "오늘은 사정상 마스크를 배송할 수 없답니다" 라며 뒤늦게 연락이 왔다는 절망적인 소식을 듣고 빈 걸음을 하기도 했었다.

또 다른 사건은 내가 살고 있는 아파트 앞 '농협 하나로 마트'에서 겪은 웃지 못할 일이었다. 마트에서 마스크를 판매한다는 소식을 듣고 부랴부랴 두툼한 점퍼로 단단히 무장하여 일찍이 달려갔지만 이미 줄이 수십 미터나 서 있었다.

그래도 혹시나 하는 마음에 추위도 무릅쓰고 맨 끝에 발을 들여놓았다. 잠시 후 뒤를 돌아보니 어느새 내 뒤로도 상당한 사람들이 새로운 줄을 만든 채 추위에 떨고 있었다. 그렇게 오랫동안 긴 줄을 서서 기다리다 중간쯤 해서 절품이라는 소리에 씁쓸히 돌아서야 했다.

또 한 번은 같은 장소에서 이른 새벽에 잠도 제대로 못 자고 시간 반 정도 줄을 서서 겨우 마스크 한 장을 달랑 받아왔다. 비록 고생은 되었어도 가족들의 안위를 위해서 마스크를 구입하였다는 것이 그렇게 자랑스러울 수가 없었다.

그렇게 하늘 높은 줄 모르고 천정부지로 치솟던 마스크의 귀한 몸값이 꺾이기 시작하였다. 출생 연도에 따른 요일제(曜日制)구입 등 정부의 강력한 규제와 시민들의 자발적인 협조로 갖은 우여곡절 끝에 공급량이 원활해지고, 판매 질서가 정착되면서 자연적으로 품귀 현상이 해소되었다.

지난 시간을 돌아보면 참으로 어처구니없는 해괴하기 짝이 없는 비문명적인 사건들이었다, 오늘날 과학기술이 발달 된 문명 사회에서 도저히 일어날 수 없는, 일어나서도 안 되는 황당무계한 사건들이 우리 생활 주변을 무섭게 휩쓸고 지나갔던 것이다.

지금도 약국에 가면 즐비하게 비치된 각종 마스크 등을 바라보면서 격세지감을 느끼게 된다. 정말 정말로 그런 시절이 있었나 싶을 정도로 꿈만 같은 사건들이었다. 분명 나 자신이 직접 겪었으면서도 의심이 가고, 소설책이나 전설 속에서나 있을 수 있는 일이 아니었나 하는 생각이 가끔 식 들을 때도 있었다. 마치 옛날 옛적의 동화 속의 허황된 한줄기 이야기 같이만 느껴졌다.

그럼에도 불구하고 코로나19 바이러스와의 지루한 전쟁은 아직도 끝나지 않은 채 계속 진행 중이다. 하지만 우리 인류는 지구상에 출현하면서부터 자연환경과 주변 여건에 항상 부딪기며 마주하고 살아왔다. 끊임없이 몰려드는 새로운 상황을 맞아 때로는 경쟁 속에 퇴치 시키거나 아니면 같이 공존을 모색해 왔다. 그런 와중에서도 인류는 숱한 난관을 극복하면서 오늘날의 찬란한 지구촌의 문명과 문화를 꽃피워 왔다.

지금 당장은 어려움과 고통이 따를지라도 전 세계의 인류가 지혜를 모으고 힘을 합쳐 대적한다면 코로나19 역시 언제고 분명히 극복되고 과거 속 역사의 한 페이지로 접어 둘 수 있을 것이다.

우리의 일상도 조만간 예전의 활기찼던 그 시절, 모두가 모여 오순도순 함께 살았던 그 세월로 반드시 되돌아올 것을 믿어 의심치 않는다.

우리 모두 정부의 방역 정책에 적극 협조하고 개인위생을 철저히 지켜 이 어려운 시기를 슬기롭게 극복 해 나가야할 것이다.

2018 평창 동계올림픽 유치를 기원하면서

우리 고장 춘천도 엊그제부터 고속도로의 새로운 시대를 맞이했다. 그간 서울로 통하는 고속도로가 없어 수부 도시로서의 위상과 시민의 불편이 말이 아니었으나 경춘 간 고속도로가 (2009.7.15.) 개통되면서 강원 서북부 지역의 중심도시로 면모를 갖추게 되었다. 시원하게 뚫린 고속도로를 미끄러지듯 달리는 차량 들을 차창 밖으로 내다보면서 지난 일들이 한편의 추억처럼 되새겨진다.

피서철만 되면 경춘 국도는 차량 통행 정체현상으로 온통 도로 자체가 주차장을 방불케 했다. 심할 때는 네댓 시간을 도로 위에서 지내는 경우도 허다했다. 이제는 서울 도심과의 거리가 버스 편으로 1시간 10분 정도로 짧아졌고 승용차편으로는 40분대로 단축되었다. 특히 8,500원 하던 버스요금도 6,000원으로 크게 인하되어 고속도로의 개통에 따른 편리함과 경제적 혜택을 직접 피부로 느끼고 실감하게 되었다.

금년은 예년에 비해 장마가 좀 일찍 찾아온 모양이다. 날씨는 하루 진종일 추적거리며 비를 뿌려댄다. 버스정류장에서 누군가 반기는 목소리가 들린다. 가까이 다가서는 그녀는 12년 전 도청 재직 시 일본어 강의를 하던 일본인 선생님(俵木春美-다와라기 하루미)이었다.

그녀의 환한 웃음은 언제나 나에게 밝은 미소를 안겨 주었다. 오랜만에 만난 반가운 마음에 그녀와 동네 식당에서 저녁 식사를 같이했다. 그간 많은 것이 변했지만 그녀의 마음은 예나 지금이나 한결같았다.

"맛상 지금도 일어 공부 열심히 하시죠?" 가슴이 뜨끔하다. 오랜만에 들어보는 나의 일본어 이름이다. 당시 그녀가 나에게 지어준 이름이다. 어떻게 대답해야 좋을지 몰라 우물쭈물하는 사이 또 한 번의 목소리가 조용하고 나지막하게 들려온다. "꾸준히 하면 됩니다" 누구보다도 외국어의 어려움을 잘 알고 있는 그녀이기에 그 길만이 어학의 어려움을 극복할 수 있는 것임을 암시해 주신다.

불과 몇 년 전 나름대로 큰 결심을 한 적이 있었다. 2014 평창동계올림픽 개최에 대비해 'おはよう ございます(오하요-고자이마스) 일본어 통역 자원봉자를 꿈꾸어 왔다. 남은 삶에 있어서 마지막 봉사라는 각오 하에 나름대로 많은 노력을 기울여왔다.

강원도 평창을 찾는 세계 각국의 선수들에게 우리의 전통문화를 소개하고 아름다운 미풍양속을 알려주고 싶었다. 자유스러운 의사소통으로 서로를 이해하고 유대를 증진하는 세계화 국제화의 물결 속에 인류 평화와 지구촌 모두의 행복을 가꾸고 키워 가는데 일조하겠다는 거창한 목표를 세워 놓았었다.

　어느 현자의 말씀처럼 참으로 사람의 마음이 간사하기 짝이 없다. 힘들고 어려워지면 극복할 마음이 아니라 그것을 기화로 스스로의 약속에서 멀어지고 내빼려는 마음이 앞선다. 변명할 이유를 붙여 스스로 구실을 찾고 명분을 만들어 슬그머니 약속을 저버린 채 책임을 주위 환경 탓으로 돌려버린다.

　한때나마 매진했던 나의 일본어 공부도 2014 동계올림픽 개최지가 러시아의 소치로 결정되면서 점점 식어갔고 자신과의 약속을 스스로 허물기 시작했다. 식사를 끝낸 그녀는 자리에서 일어나면서 조용한 미소와 함께 또 한 번의 당부를 잊지 않는다.
"맛상 꾸준히 하면 됩니다"

　밖은 아직도 장맛비가 추적추적 내린다. 불어난 물살이 소양 강변 둑 가득하게 넘실거린다. 밤안개에 몸을 숨긴 가로등 불빛이 무거운 날개 짓으로 소리 없이 추락한다. 우산 속에 비치는 그녀의 단아한 뒷모습에서 지나간 시간 들이 한편의 파노라마가 되어 가슴속으로 밀려든다.

　우리는 2010의 눈물이 마르기도 전에 또 한 번 2014의 눈물을 흘려야 했다. 2007.7.5일(과테말라 현지 시간 7.4) 하얗게 밝아오는 여명의 새벽녘, 도청광장 앞에는 수많은 인파가 상기된 모습으로 자리하고 있었다. 봉의산의 신선한 새벽공기가 광장을 푸르게 감싸안는다. 2010의 실패 이후 다시 할 수 있다는 신념

하나로 전 도민이 또다시 굳게 뭉쳤다.

  오늘 2014 동계올림픽 최종 개최지를 놓고 오스트리아의 잘츠브르크, 러시아의 소치와 막판 경쟁을 벌이게 되었다. IOC 조사평가단의 현지 실사 시 지역 주민들의 뜨거운 환영 열기와 전 국민의 한결같은 유치 염원을 확인하면서 좋은 호평을 받았기에 이번만큼은 우리 강원도 평창으로 기대를, 아니 마음속에 이미 확정을 짓고 있었다.

  대형 멀티비전에서는 시시각각 현장의 소식을 전해온다. 4년 전에도 바로 이 시각 이곳에서 우리는 줄기차게 쏟아지는 빗줄기를 온몸으로 맞으며 체코의 프라하에서 들려올 낭보를 기다렸건만 기대는 한순간에 무너지고 말았다. IOC위원의 '벤쿠버'라는 세 글자 발표가 전 도민을 경악과 슬픔으로 몰아넣었다. 얼마나 많은 눈물을 흘렸던가? 하늘도 울고 광장에 운집해 있던 모든 사람도 소리 죽여 가며 흐느꼈다.

  그 오랜 세월이 흘렀건만 오늘도 변함없이 봉의산의 짙푸른 새벽녘이 광장으로 찾아든다. 우리는 대형 멀티비전 앞에서 모든 시선과 귀를 한곳으로 모으고 숨죽여가며 또 다른 운명의 시간을 맞고 있었다. 2014 동계올림픽 개최지 결정이 발표되는 순간 '소치'라는 두 단어에 귀를 의심했고 화면에 펼쳐지는 러시아의 열광에 눈을 의심했다.

  우리는 또 한 번 좌절의 눈물과 실패의 아픔을 가슴속에 묻어야 했다. 러시아의 막강한 국력과 푸틴 대통령의 적극적 지원을 바탕으로 한 후발 주자 러시아의 '소치'에게 4표 차로 2014 동계올림픽 개최지를 내어주고 말았다. 냉엄한 국제스포츠계의 힘의 역학 속에 또다시 표류하는 평창을 바라보는 도민의 가슴은 한없이 무겁기만 하였다.

얼마나 더 많은 눈물이 필요한 것인가? 도저히 다 닿을 수 없는 꿈속에 신기루인가? 도민의 기대와 국민적 희망이 하늘처럼 부풀어 있었는데… 현지 관계자들의 눈물이 대형 멀티비전을 통해 보여줄 때 광장에서 지켜보던 우리 모두는 치밀어 오르는 분기(憤氣)를 소리 없이 삼켜야 했다.

정말로 이 뛰어넘을 수 없는 철벽인 것일까? 절망과 좌절로 전 도민이 방향을 잃고 헤매는 좌초 선이 되고 말았다. 미래의 희망과 좌표가 보이지 않는, 동력을 잃어버린 표류선이 되어 모두의 가슴속에 허탈감과 상실감을 안겨주었다.

우리 강원도민의 저력은 어려울 때 더욱 빛을 발한다. 비록 두 번의 실패가 있었지만 여기서 좌절치 않고 새로운 도전을 위해 전 도민이 다시 한마음 하나로 뭉쳤다.

세 번째 도전은 우리 도민의 화합과 단결을 새롭게 도모 할 수 있는 기회가 되었다. 도민의 한결같은 염원과 전 국민의 끊임없는 성원을 바탕으로 우리는 또 한 번의 새로운 도전을 위한 횃불을 높이 쳐들었다. 전 세계적으로 3회 이상 도전해서 성공한 도시도 12곳이나 된다고 한다. 이미 국제 스포츠계에서는 평창을 "준비된 평창"이라고 공인하고 있었다.

당장 올림픽을 치러도 만반의 준비가 되어 있는 곳으로 인정받고 있는 곳이다. 우리의 강력한 상대로는 독일의 뮌헨, 프랑스의 안시가 예상되고 있으나 우리 모두가 한마음 한뜻으로 하나가 될 때 어떠한 난관도 어떠한 어려움도 뛰어넘을 수 있을 것이다.

이제는 2011년 7월 남아공 「더반」의 IOC 총회서 2018 평창동계올림픽 개최지 최종 확정 승전보를 찾아와야 한다. 강원도민의 뚝심과 대한민국 국민의 저력을 다시 한번 전 세계인에게 보여줄 때이다. 우리가 넘고 건너야 할 산과 강은 가파르고 거칠지만 우리가 하나 되어 매진할 때 그 함성은 전 세계 방방곡곡으로 메아리치며 퍼져 나갈 것이다.

다가오는 2018 동계올림픽은 반드시 강원도 평창의 설원에서 개최되어야 한다. 1998년 하계올림픽, 2002년 월드컵 축구에 이어 오는 2018 평창동계올림픽을 꼭 유치하여 「트리플 크라운 국가」로 발돋움 되어야 한다. 2018 평창동계올림픽 유치는 우리 모두가 기필코 이루어내야 할 지상과제이고 우리 세대의 의무이다.

나 역시 이번 기회에 일어 공부에 다시 매진 할 수 있는 새로운 자세로 마음가짐을 다져본다. 또 한 번 자신과의 싸움을 선언하고 끈기와 인내를 갖고 쉼 없이 걸어가리라. 2018 평창동계올림픽 일어 통역 자원봉사를 통해 전 세계인과 어깨를 마주하며 그들의 손과 발이 될 수 있도록 마지막 정열을 불태우리라.

지구촌 전 인류가 공존과 공동의 번영을 위해 함께 딛고 걸어갈 수 있도록 작은 징검다리가 되어 세계평화를 얘기하며 지구촌 모두의 행복을 그들과 더불어 기원할 것이다. 사랑과 신뢰로 남북이 하나 되는 평화와 화합의 성화가 영원히 타오를 수 있기를 염원할 것이다.

2018 冬季 オリンピグは 江原道 平昌で! (니센 주유 하찌 넨 도우키 오림피크와 강원도 평창 데!) 또 한 번의 외침이 하늘에 닿도록 소리 높여 외쳐본다.

2018 평창동계올림픽과 체코 소녀와의 만남

아~ 드디어 우리 대한민국이 해냈다. 우리 5천만 국민의 의지가 2018 평창동계올림픽의 성공개최를 마침내 이루어냈다. 그간 고원지대 (happy 700 평창)] 로 조용히 자리 잡고 있던 평창의 설원에서 지구촌의 축제인 2018 동계올림픽이 개최되었다. 평창의 작은 고을의 함성이 대한민국을 넘어 전 세계로 웅장한 메아리가 되어 전 인류를 깜짝 놀라게 만들었다.

우리 모두에게 하면 할 수 있다는 가능성과 우리가 해냈다는 높은 자부심과 자긍심을 안겨주었다. 또한 지구촌 곳곳마다 우리 대한민국의 위상을 드높이는 역사적인 순간들이었다. 두 번의 실패에 이어 세 번째 이루어낸 2018 평창동계올림픽의 유치 성공으로 평창을 세계 속에 처음으로 알리는 쾌거를 이룩한 지 7여 년 만에 우리는 또 하나의 새로운 기적을 만들어 냈다.

2018.2.9. 어둠 속에 고요히 잠긴 평창의 밤은 한겨울의 추위도 아랑곳하지 않고 전 세계인의 눈과 귀를 한곳으로 모았다.

마침내 2018 평창동계올림픽 경기가 평창올림픽 메인스타디움에서 개회식을 시작으로 17일간 세계의 건각들이 모여 자국의 위상과 명예를 위해 뜨거운 열전을 펼치게 되었다.

성화가 타오르는 점화의 장면은 어느 나라고 어느 시대고 어느 누구고 감히 따라 할 수 없는 엄청난 상상의 꿈을 현실로 옮겨놓았다. 이날의 하이라이트(highlight)인 성화 점화는 여자 아이스하키 단일팀의 동갑내기 박종아(대한민국)와 정수현(북한)의 손을 거쳐 최종 성화 주자인 김연아에게 넘겨졌다.

성화 주자들의 횃불이 성화대를 향할 때마다 전 세계인의 놀라움과 함성이 터져 나왔고 드디어 성화봉이 우리 피겨의 여왕 김연아의 손에 넘겨졌을 때 그 우아함과 청순함, 그녀만이 가진 마력이 전 세계인의 눈길을 일시에 사로잡았다.

한 마리 봉황이 설원 속에서 영원한 꿈의 나래를 펼쳐가듯 빙상 위에 유연한 그림을 그려가며 평화의 불씨를 밝혔다. 올림픽 사상 최초로 성화대에 설치된 아이스링크에서 천사의 날개짓 같은 피겨 쇼를 펼친 후 사뿐히 성화를 지펴 전 세계인의 시청자들의 감동을 배가 시켰다.

마침내 성화가 점화되어 밤하늘을 환하게 수놓을 때. 어둠이 불꽃이 되어 활활 타오를 때 우리는 감격의 눈물로 목이 메었고 회한의 눈물로 눈시울을 적셨다. 참으로 위대한 민족, 위대한 대한민국의 국민이었고, 강원도민 이었다.

평창동계올림픽은 역대의 그 어느 올림픽보다 많은 나라와 많은 선수·임원진들과 각국 취재진, 올림픽 패밀리, 관광객 등이 참가한 역대 최대 규모의 스포츠 제전이 되었다.

　전 세계인의 가슴에 희망과 평화, 화합을 안겨준 개회식은 1부 평화의 땅(LAND OF PEACE), 2부 공연 "태극, 우주의 조화" 3부 "아리랑, 시간의 강"은 우리나라와 강원도의 정서를 흠뻑 담아냈다. 4부 "모두를 위한 미래"는 ICT 강국의 이미지를 표현했고, 5부 "행동하는 평화"(PEACE IN MOTION)은 평화를 향한 평창의 의지를 나타냈으며 마지막으로 남북한 선수들이 한반도기를 함께 들고 아리랑과 함께 공동 입장을 하면서 평화의 올림픽임을 전 세계에 알렸다.

　선수, 임원, 취재진 등 5만 여명의 현장 관람객, 전 세계 미디어와 25억 명 시청자의 시선이 모이는 개회식은 한국 전통문화의 정신인 "조화"와 현대문화의 특성인 "융합"을 녹여낸 겨울동화 같은 이야기를 3,000여 명의 출연진이 개회식 행사를 통해 풀어냈다.

　또한 2018 평창동계올림픽 상징 조형물의 타이틀은 '평창 세계에 빛나는 별이 되다'(Pyeong Chang Brightens the World)로 정해졌다. 평창 알펜시아 홀리데이인 리조트 앞에 조성된 이 상징 조형물은 아파트 15층에 해당하는 41m의 높이에 지름도 14m에 달하는 거대한 크기로 스테인리스와 스틸, 석재를 주재료로 제작됐다.

　우리 민족의 정취가 깃든 청화백자를 모티브로 유려한 한국적 전통미와 전 세계인이 올림픽으로 하나 돼 미래로 비상하는 평창의 역동성을 표현했다. 상징 조형물을 지지하고 있는 몸통

부분은 동계종목을 상징하는 언어를 초월하여 직감만으로 이해할 수 있도록 표현한 원형의 픽토그램(Pictogram)*이 빼곡히 들어찬 형태로 마치 양각된 것처럼 장식돼 있고, 오륜기의 다섯 색으로 꾸며진 5개의 라인이 휘몰아치듯 올려진 모습을 하고 있다.

우리 강원도 내에서 치러지는 내 평생에 다시 한번 보기 어려운 동계올림픽의 성공개최를 바라는 뜻으로 우리 가족 전원도 동참하였다. 평창 휘닉스파크에서 열리는 스노보드 경기를 관람 겸 각국 선수들의 열전을 응원하기 위해 2박 3일의 여행길에 나섰다. 서울에 살고 있는 사위와 딸들, 손주들까지 모두 불러 모으니 갑자기 대가족이 되었다.

하늘의 축복과 도움이 있어서인지 날씨도 맑고 청명한 데다 화창하고 따뜻하기까지 했다. 참으로 별천지에 온 기분이다. 온 천지가 흰 눈으로 뒤덮여 마치 영화 속 설원의 나라에 찾아든 듯하였다. 피부도 다르고 언어도 다른 각양각색의 개성 있는 복장을 차려입은 외국인이 더 많이 보였다. 모두가 발랄하고 자유분방한 옷차림새와 개성 있는 모습들이었다.

설원을 가르고 하늘을 나는 선수들의 스노보드 묘기에 빠져 시간가는 줄 모르고 있었다. 우리 옆으로 백인 계통의 7~8세 정도의 귀엽게 생긴 어린 여자아이 두 명도 진지하게 경기를

---

* 픽토그램(Pictogram) : '픽처(picture)'와 문자 또는 도해를 의미하는 '그램(gram)'의 합성어이다. 이는 어떤 대상이나 장소에 관한 정보를 알리기 위해 문자를 사용하지 않고도 동일한 의미로 이해할 수 있도록 조합한 그림을 가리킨다. '그림 문자', '픽토', 또는 '픽토그래프'라는 명칭으로 부르기도 한다.

관람하고 있었다. 체코에서 왔다며 환히 웃는다. 천진난만한 얼굴에 정말로 피부가 스키장의 눈보다도 더 곱고 희다. 좀 이어 체코 선수들이 경기에 임하고 어린 소녀들이 갖고 온 자국의 국기를 펜스에 걸어놓고 열심히 응원을 한다.

  손녀딸(정지안)이 쵸코렛 2개를 그녀들에게 주니 고맙다며 맛있게 먹는다. 경기 중에 자기 나라 선수인 체코 선수가 넘어지는 것을 보고 너무도 아쉬워하기에 우리도 한마디 해주었다 '오~ 노~'하니 싱긋이 같이 웃는다. 넘어진 선수들이 다시 일어나 끝까지 골인 지점을 향해 들어올 때 두 소녀는 벌떡 일어나 온몸으로 응원하면서 자국의 선수들을 큰 박수로 맞이한다. 한참 동안을 우리 가족 모두는 어린 소녀들의 조국인 체코 선수들의 선전을 위해 소리 높여 함께 응원해 주었다.

  현장에서 느껴지는 것이 이제 지구촌 인류의 모두가 하나의 가족이라는 것이 실감이 났다. 이렇게 만난 것도 큰 인연 같았다. 평소 존경하는 분께서 카톡을 통해 보내주셨던 글귀 중 가슴에 늘 새기고 살아가는 한 구절이 생각난다. 「만남은 인연이지만 관계는 노력입니다.」 아이들이 성장해서 오늘의 만남이 자신들의 또 하나의 아름다운 인연의 가교가 되어주기를 바라는 마음이 간절했다.

  국경과 인종을 초월한 체코 소녀들과 손녀딸이 같이 환하게 웃고 얘기하고 응원하는 설원 속의 멋진 장면들을 먼 훗날 추억의 한 부분으로 남겨 두기 위해 몇 장의 사진 속에 시간과 함께 담아 놓았다.(2018.02.16.)

마침내 2018 평창동계올림픽이 17일간의 일정을 마무리하고 2월 25일 대장정의 막을 내렸다. 지구촌 전 인류에게 가슴 벅찬 감동을 안기고 잊질 못할 추억을 남긴 채 평창 올림픽 스타디움에서 "더 넥스트 웨이브"(The Next Wave. 미래의 물결)를 주제로 폐회식을 가졌다. 이번에 열린 평창동계올림픽은 전 종목에 145명이 출전하는 대한민국선수단을 비롯해 92개국 2,925명의 세계 정상급 선수가 설상과 빙상 102개 종목에서 경쟁하는 역대 최대 규모 대회로 치러졌다.

 평창동계올림픽은 직전 대회인 소치동계올림픽(88개국 2,780명)보다 더 많은 선수들이 참여해 최다 기록을 세웠고 금메달 수도 동계올림픽 역사상 최초로 102개로 100개를 넘어서는 대회로 기록됐다.

 평창동계올림픽 메달 순위는 1위는 메달 39개를 획득한 노르웨이(금14, 은14, 동11) 2위는 메달 31개를 획득한 독일(금14, 은10, 동7) 3위는 메달 29개를 획득한 캐나다(금11, 은8, 동10) 이고 우리 대한민국도 당당히 전 세계의 건각들과 어깨를 겨누며 선전을 펼쳐 종합 성적 7위로 입상을 하여 금5, 은8, 동4개 총 메달 17개를 획득하였다.

 우리는 평창동계올림픽을 성공 개최함으로써 국제 4대 스포츠 메가 이벤트인 동·하계 올림픽, 축구 월드컵, 세계 육상선수권대회를 모두 성공 개최해 그랜드슬램을 달성한 6번째 국가(프랑스, 독일, 이탈리아, 일본, 러시아, 대한민국)로 스포츠 강국으로 발돋움하였다.

이어서 전 세계 장애 스포츠인의 최대 겨울 축제인 2018 평창동계패럴림픽이 3월 9일 평창올림픽 스타디움에서 "열정이 우리를 움직이게 한다(Passion Moves Us)"를 주제로 열린 개회식과 함께 수많은 미디어를 선보이며 3만 5,000여 관중을 매료시켰다.

선수 입장 순서에서는 남북 공동 입장 없이 장애인 노르딕 스키에 참가 하는 한국대표팀의 신의현과 북한 대표 팀 김정현이 기수로 나서 태극기와 인공기를 들고 선수들을 이끌었다. 이어 휠체어 컬링 국가대표 김은정이 최종 성화 주자로 성화를 점화해 평창동계패럴림픽의 개막을 전 세계에 알렸다.

이날 개회식을 시작으로 평창과 강릉, 정선에서는 역대 최다인 6개 종목 80개 세부 종목에 전 세계 49개국 567명의 선수들이 마지막까지 감동의 드라마를 펼쳤다. 열흘간의 열전 끝에 뜨거운 여정을 마치고 평창동계패럴림픽이 3월 18일 대장정의 막을 내렸다.

평창동계패럴림픽 메달 순위는 1위 미국, 2위 NPA(러시아). 3위 캐나다 순이고 대한민국은 뉴질랜드와 공동 16위를 차지했다.

그간 수고하셨던 선수와 임원 여러분, 관계자 여러분, 자원봉사자 여러분에게 충심으로 감사 드린다. 그리고 2018 평창동계올림픽 공식 마스코트인 수호랑님과 패럴림픽 공식 마스코트인 반디님에게도 그간의 노고를 치하드린다.

이제는 그간의 들떠있던 모든 분위기에서 다시 일상으로 돌아와 2018 평창동계올림픽의 정신을 천년만년 후세에 기리고 또한 2018 평창동계올림픽의 현장을 지구촌 전 인류의 위대한 유산으로 영구 보존하여 대대손손 후손에게 물려주어야 할 것이다.

  2018 평창동계올림픽대회와 평창 동계패럴림픽의 성공을 다시 한번 자축하면서 대한민국 국민 여러분과 도민의 그간의 열정과 노고에 진심으로 감사를 드린다. 영원무궁하라 대한민국! 찬란히 빛나거라 2018 평창동계올림픽! 2018 평창 동계패럴림픽!

※ 평창 휘닉스파크 스노보드 동계올림픽 경기장(정지안. 체코소녀들-2018.02.16.)

7부

인연이 스치고 지나간 자리

인연이 스치고 지나간 자리

　시내 근교 학곡리 영어학원 개원식에서 그녀와 우연히 마주친 것이 30여 년 만의 일이었다. 지인의 초대를 받고 화분 하나를 마련하여 찾아갔다. 새로운 출발을 축하하는 다과회의 자리가 마련되어 있었다.
　세상에는 참으로 이해하기 어려운 상황이나 설명하기 힘든 일들이 우연찮게 일어나는 경우도 가끔 있다. 내 앞을 바람처럼 스치고 지나가는 어느 여자가 있었다. 순간적이나마 꽃잎 같은 은은한 여인의 향기가 느껴진다. 그러면서도 여성분의 걸음걸이가 낯설지를 않았다. 어디선가 많이 본 듯한 뒷모습이다.
　원장의 감사 인사가 끝나고 축하객 모두가 개원을 축하하면서 잔을 높이 들었다. 그 순간 앞자리에 있는 여인과 눈이 딱 마주쳤다. 직감적으로 방금 전 내 앞을 스쳐 간 그 여인이라는 것을 알 수 있었다. 무언가 알 수 없는 친근감과 다감한 이웃 같은 필(feel)이 느껴졌다.

또다시 그 여인과 눈이 마주쳤을 때 그 여인이 소리 없이 웃는다. 가슴이 덜컥 내려앉으면서 할 말을 잊었다. 그 여인이었다. 바로 수십여 년 전 서로 간에 인연이 없어 헤어져야 했던 그 사람이었다.

예전에 처녀 시절의 모습은 온데간데없고 이제는 어엿한 중년 여인의 나이 든 모습을 은근히 내비치고 있었다. 빙그레 웃는 그 모습은 예나 지금이나 변함이 없었다. 한쪽 뺨에 볼우물이 패이는 것도 변함이 없었다.

도둑이 제 발 저린다고 가슴이 요동을 친다. 어떻게 피할 수도 그 자리를 빠져나갈 수도 없었다. 그녀가 미소를 띠며 내게로 다가온다. 가슴속에 할 말은 많지만 막상 마주 대하니 무슨 말을 어떻게 하여야 할지 생각이 안 난다. 주저주저하는 사이에 그녀가 먼저 말을 걸어온다.

"잘 지내지요. 애기 들도 많이 컷겠네" 한다.

묻고 싶은 말은 입안에서 수도 없이 맴을 도는데 막상 입이 떨어지지를 않는다.

"응, 그저 그렇지 뭐, 모두 잘들 커. 자기도 잘 지내지"

나는 이곳 원장님을 잘 아는 사이였고 그녀는 여기 사모님과 친하게 지내는 사이였다. 그녀가 한참을 망설이다 명함 한 장을 건넨다.

"혹시 시간이 되면 들려줘" 한다.

그녀의 얼굴에도 보이지 않는 가느다란 잔주름이 곳곳에 접혀있었다. 둘 사이에는 이미 다시는 건널 수 없는 세월의 깊은 강물이 소리 없이 흐르고 있었다.

 그녀는 시내 근교의 아파트 부근에서 작은 족발집을 차려 근근이 살아가고 있었다. 수십 년 만의 만남이었지만 반가움보다도 어색함이 더했다. 그 후로 그녀가 운영하는 족발집을 직원들과 함께 몇 번 들렸다.

 그녀의 삶에도 많은 우여곡절이 있었다. 그사이 남편과 사별하고 두 남매만 바라보며 살아간다고 한다. 그 말을 들으니 마음이 측은하다. 그때 운명의 여신은 우리들의 편이 못되었다.

 비록 짝사랑이었지만 모든 것이 나의 책임이고 나의 허물인 것만 같아 마음이 편치를 않았다. 다가설 수 없었기에 바라만 보다 어쩔 수 없이 헤어진 여인이지만 좀 더 행복하게 살기를 바라는 것이 남자의 마음이다.

 여측이심이라고 사람의 마음이란 참으로 변덕스럽고 간사스러운 모양이다. 처음 만났을 때는 아리고 쓰린 마음에 미안한 점도 있고 해서 그녀의 가게를 가끔 식 들렸다. 세상사 내 뜻대로 되는 것이 없었다.

 직장과 거리상으로 멀리 떨어져 있다 보니 아주 큰 결심이나 특별한 일이라도 있지 않는 한 발길을 자주 하게 되지를 않았다. 청사 문밖만 나서면 즐비하게 늘어선 것이 음식점이었고 주점이었다. 퇴근길에 가까운 곳에서 직원들과 함께 어울리다 보니 차츰 거리가 멀어지고 애석했던 마음도 시간이 흐르면서 엷어지다 보니 발길이 뜸해 지기 시작했다.

 나 역시 나이 들어 세월에 쫓겨 직장을 사직하고 자연인으로 돌아왔다. 수년이 흐른 어느 날 그녀가 갑자기 생각이 났다. 딱히 보고 싶다기보다는 그래도 그녀의 가게를 찾아가서 한잔 술이라도 팔아주고 싶은 마음이었다. 큰 마음 먹고 택시를 타고 그녀의 가게를 찾아갔다. 어찌 된 일인지 간판이 보이지를 않는다.

인근의 약국에 들려 족발집 주인 여자의 근황을 물어보았다. 몇 년 전에 이미 그만두고 충청도 어딘가 딸네 집으로 갔다고 한다. 너무 늦은 발걸음이었다. 그때 서야 무언가를 잃어버린 것 같은 허전함이 몰려온다. 그녀의 전화번호를 찾아보았다. 하지만 전화가 안 되었다. 그녀가 전해 준 명함 속의 가게 전화번호는 이미 없어진 번호였다. 그 이후로 그녀를 까맣게 잊고 살았다.

그러다 우연히 금년 늦은 봄 20여 년의 세월이 흐른 후 해물칼국수 집에서 우연찮게 만나게 되었다. 칼국수 끓는 냄새가 구수하게 진동하면서 잃었던 입맛이 다시 돌아오는 느낌이다. 국수 한 올을 꺼내 맛을 보다 우연히 앞쪽을 바라보았다.

화사한 복장의 어느 중년의 여인하고 잠깐 눈이 마주쳤다. 어디서 많이 본 것도 같은 데자뷰(dejavu)한 느낌이 든다. 다시 국수 한 젓가락을 들어 올리며 쳐다보니 그 여인 역시 나를 유심히 바라보고 있었다. 설마 아니겠지 그녀 또한 나이를 먹었을 터인데… 그녀 역시 지금쯤은 거의 칠십 대 초반을 지나고 있을 것이다.

앞에 있는 여인은 이제 60대 초반 정도의 활짝 핀 장미꽃 같은 미려한 용모를 지니고 있었다. 그렇지만 아무리 보아도 옛날 그녀의 모습을 지울 수가 없었다.

  다시 한번 고개를 드는 순간 그녀가 살짝 미소를 짓는다. 순간 가슴이 철렁했다. 이 부담스러운 상황을 어떻게 해야 하나. 반가우면서도 하필이면 아내와 같이 있는 이 자리에서 만나다니…

  그 순간부터는 국수 가락이 입으로 들어가는지 코로 들어가는 정신이 없었다. 그 여인 옆에는 정장 차림의 백발 노신사가 자리를 같이하고 있었다. 여인의 변신은 무죄라 하였던가.

  예전 족발 가게를 운영할 시는 그저 평범한 아주머니의 일상적인 모습이었는데 어느새 귀부인의 우아한 자태로 변신이 되어있었다. 나이도 훨씬 젊어 보였고 몸매도 예전의 여윈 모습이 아니었다. 한마디로 글래머 스타일에 얼굴에는 여유로운 미소까지 담고 있었다.

  황급히 먹고 일어나 카운터에 계산을 끝내고 돌아서는 순간 화장실을 다녀오는 그녀와 정면으로 맞닥뜨렸다. 가슴이 움찔했지만 그 순간을 피하기에는 너무 늦은 상황이었다. 그녀를 향해 조용히 목례를 했다. 그녀 역시 미소 띤 얼굴로 응답하고 말없이 자리로 돌아가 앉는다.

  식사를 끝내고 오동나무 그늘에서 아내와 함께 커피를 마시고 있는데 그녀가 노신사와 함께 식당 문을 나선다. 이어서 새까만 고급 세단이 그림자처럼 우리 부부 곁을 지나친다. 운전석 백미러로 보이는 미소 띤 그녀의 얼굴이 오늘따라 화사하다. 비록 남남이지만 늦게나마 그녀의 활기찬 행동과 화려한 외출의 모습을 지켜보니 마음이 편안해진다.

그녀가 사라지는 뒷모습을 바라보면서 무언가 보이지 않는 인연의 끈을 전부 놓아 버린 것 같은 공허함이 몰려든다. 골목 길을 빠져나가는 그녀 차량의 후미 번호판 숫자 네 자리 중 두 자리만 기억 속에 남겨 두었다. 가슴속에서 그녀의 흔적 모든 것을 지우려니 아쉬움이 허락지를 않는다. 언제고 그녀가 생각이 나면 XX88만 기억하면서 그녀의 고왔던 옛 모습을 흐르는 구름 속에 떠올리리라.

인연이란 이렇게도 질기고 모진 모양이다. 미움도 사랑도 괴로움도 즐거움도 그리움도 증오도 모두 내 마음속에 있는 것, 이제는 현실로 돌아가고 싶다. 아내와 헤어져 심란한 마음으로 가로수 길을 걷는다. 기다리던 국민(초등)학교 동창들의 얼굴이 한 달 전의 모습이 아니다. 그 잠깐 사이에 또 한 명의 친구가 풍진 세상과 유명(幽明)을 달리했다.

그들의 초라해진 모습 속에서 세월에 찌든 내 얼굴을 바라본다. 바람같이 흘러간 첫사랑이 파노라마처럼 펼쳐진다. 허전함을 넘어 가슴이 아프도록 저려온다. 살아생전 다시 한번 만날 기회가 있을까? 어디에서든지 건강하고 행복하게 살아가 주길 다시 한번 마음으로 빌어본다.

태백산 청원사 용담(龍潭)의 효자 전설

　오랜만에 문우들과 태백 문학 기행에 동행했다. 태백이라는 말만 들어도 가슴이 벅차고 설렌다. 얼마나 그립고 다정다감한 이름인가? 태백은 내가 살아온 인생행로에 있어서 평생을 잊을 수 없는 마음의 고향이다.
　젊은 시절 한때 공직자로서 몸을 담았던 지역이고 한편으로는 오늘의 내가 있기까지 징검다리 역할을 하여준 감사와 보은의 도시다. 30여 년 전 도청에서 태백으로 발령을 받으면서 처음으로 인연을 맺었다. 공무원으로서 마지막 시험인 사무관 승진을 위해 낯선 광산 도시 태백으로 내려온 것이다.
　내 삶에 있어서 가장 큰 행운이었고 관리자로서의 첫발을 내딛는 희망과 꿈이 서린 기회의 땅이었다. 중견간부로서의 소양을 쌓고 한 부서의 책임자로서 관리능력 배양과 조직의 정점을 향해 발돋움하는 시발점이 되기도 했다
　오랜만에 고향을 찾아온 듯 감회가 새롭다. 일행과 함께 태백시청을 둘러보고 시내 곳곳에 산재해 있는 관광명소와 탐방

시설물 등을 둘러보았다. 고생대 자연사박물관을 비롯해 구문소와 황지 연못, 용연동굴 등을 관람하였고 '365 케이블카'도 탑승해 보았다.

특히 안전 체험 테마파크도 들려 직접 재난대처 체험도 했다. 자신의 생명과 공동체의 안전을 위해 필수적으로 전 국민이 한 번쯤은 다녀가야 할 생명지킴이 코스라는 것을 새삼 깨달았다.

다시 발걸음을 돌려 태백산 국립공원으로 향했다. 한때는 공원 입구에 자리하고 있는 소도동의 동장(洞長)과 이곳 공원 관리소장(管理所長)을 역임한 적도 있었다. 그 세월이 어느새 강산이 세 번이나 변했다. 공원 안에는 그사이 태백석탄박물관 등 많은 관람 시설과 탐방객을 위한 편의시설 확충 등 획기적인 변화의 바람이 있었다.

돌아오는 길에 태백산 공원 입구에 위치한 청원사 극락보전의 날렵한 처마 끝이 보인다. 지난날 노스님의 온화하고 인자하던 모습이 갑자기 떠오른다. 내가 소도동장으로 재직 시 인근의 청원사를 자주 들렸다.

주지 스님(林哲守. 法名-正來)께서는 동장을 볼 때마다 늘 두 가지 삶의 원칙을 말씀해 주셨다.

첫째는 「부모은중경」으로서 부모님의 은혜를 절대 잊어서는 안 된다고 하셨다.

둘째는 「재색지화 심어독사(財色之禍 深於毒蛇)」라고 불의의 재물과 꽃뱀의 여색을 경계하라고 당부하셨다.

특히 경내의 '용담'과 관련된 효자 전설도 틈틈이 얘기해 주셨다. 청원사 경내에 소재하는 '용담'은 태백산에서 시원(始源)하는 계곡물이 흘러 지하로 스며들어 석회암층을 뚫고 용출되는 둘레 100m의 연못이다.

겨울에는 맑고 차가운 물을 뿜어내고 여름에는 깨끗하고 따스한 물이 사시사철 솟아올라 한때는 이곳 사람들의 식수원으로 활용되기도 했었다. 태백 시내 황지 연못과 더불어 낙동강의 발원이 되는 이곳에 「효자 삼 형제와 용이 되었다는 홀어머니의 전설」이 다음과 같이 아름답고도 슬프게 전해 내려온다.

옛날 낙동강 하류 외딴 마을에 홀어머니를 모시고 행복하게 살아가는 의좋고 효성스러운 삼 형제가 있었다. 어느 날 어머니가 원인 모를 병을 얻어 시름시름 앓더니 하반신이 차츰차츰 용의 모습으로 변해갔다. 근심이 된 삼 형제는 좋다고 하는 약을 백방으로 구하고 이름난 의원을 모셔 치료를 했지만 별 효험 없이 병세는 더욱 악화 되어갔다.

삼 형제는 오직 어머니의 병환만 낫게 해달라는 일념으로 밤낮을 잊고 성심성의를 다해 하늘에 기도를 드렸다. 그러던 어느 날 어머니가 삼 형제를 불러 앉혀놓고 힘없는 목소리로 눈물을 흘리며 "사랑하는 아들들아 우리 모두 지금까지 남을 도우며 착하게 살아왔는데 어찌 된 연유인지 내가 이 지경에 이르게 되었구나. 너희들과 오래도록 같이 살고 싶으나 이젠 그럴 수가 없게 되었다.

어젯밤 꿈에 신령님이 나타나서 낙동강을 거슬러 올라가면 태백산이라는 명산이 있고 그 기슭에 맑고 깨끗한 연못이 있으니 날 더러 그곳에서 살아가도록 일렀다. 섭섭하게 생각지 말고 한시바삐 나를 그곳으로 데려다 다오"

이 말을 들은 삼 형제는 차마 어머니를 그곳으로 보낼 수 없어 실의에 빠져 상심하던 중 갑자기 하늘로부터 한 마리의 용마가 비늘을 번쩍이며 난데없이 내려와 어머니의 방문 앞에 엎드려 큰 소리로 울었다.

삼 형제는 할 수 없이 어머니를 용마에 태우고 길을 떠나 십여 일이 지나 태백산 아래 늪에까지 무사히 도착하였다. 어머니는 매우 기쁜 얼굴을 하시면서 삼 형제를 불러놓고 긴한 당부의 말씀을 하셨다.

나는 이제 연못에서 살아갈 터이니 너희들은 내 걱정하지 말고 빨리 집에 돌아가 예전과같이 사이좋은 형제가 되어 행복하게 살아라. 이것이 나에게 효도하는 길이니 조금도 섭섭히 생각하지 말고 어떠한 일이 있더라도 절대 뒤를 돌아보지 말고 급히 돌아가거라.

조금 있다 오색 무지개가 연못에서 솟아올라 용마 있는 곳에 이르자 어머니는 무지개를 타고 연못으로 향하였고 용마는 간 곳없이 사라졌다.

삼 형제가 어머니와 헤어지는 슬픔을 억누른 채 발길을 재촉하여 부지런히 산을 넘고 있을 때 갑자기 천지를 뒤흔드는 뇌성벽력과 함께 온 마을을 물바다로 만들 듯한 폭우가 쏟아졌다. 두 아들은 어머니의 말씀이 있었기에 뒤 돌아 보고 싶은 마음을 꾹 참고 산기슭을 올랐으나 귀엽게만 자란 막내는 어머니가 몹시 걱정이 되어 그만 뒤를 돌아보고 말았다.

그 순간 막내아들의 몸이 돌로 변하여 굳어지면서 돌미륵이 되었고 어머니는 못 속으로 몸을 숨겨 인용(人龍)이 되었다. 지금도 태백산 기슭에는 돌미륵이 된 막내아들이 말없이 서서 청원사 안에 있는 못 속을 쳐다보며 용이 된 어머니를 밤낮으로 그리워하고 있다.

이 용담은 일 년에 두 번씩 맑던 물이 흙탕물로 변하여 때로는 이틀 동안이나 물이 흐려있다고 한다. 이것은 돌미륵이 된 사랑하는 막내아들을 보려고 용이 된 어머니가 물 밖으로 나오려 꿈틀대기 때문이라고 한다. 지극한 효성과 애틋한 모정의 가슴을 적시는 이야기가 전설로 전해지고 있어 청원사를 찾는 이들의 눈시울을 뜨겁게 만든다.

1952년 여름 청원사 윤수병 스님이 용담을 수리하던 중 말편자 4개를 발견했는데 이 말편자는 병든 어머니를 태우고 왔던 용마의 편자라 하여 1967년 8월에 태백문화원에 기증되어 현재까지 보관되고 있다고 한다.

동장의 손목을 꼭 잡고 '효는 만행의 근원이고 인간이 살아가는 최상의 덕목'이라고 말씀하시며 일러주시던 노스님의 용담 효자 전설 얘기가 아직도 조근조근 귓가에 들려오는 듯하다.

짧은 문학기행이었지만 많은 것을 보고 듣고 배우면서 태백 시민들의 뜨거운 고향 사랑의 열정과 태백 지역의 무한한 발전 가능성을 엿 볼 수 있었다.

태백 시민의 안녕과 행복을 그리고 태백시정의 무궁한 발전을 기원한다.

신(神)들린 남자

 나이 들다 보니 누구 말마따나 끈 떨어진 갓의 신세가 되고 말았다. 집안에 모든 권력은 이미 내 손을 떠나 집사람한테 넘어간 지 오래이다. 집안의 서열이 집사람 그다음이 손녀딸 또 그다음이 큰딸 또 그다음이 사위 또 그다음이 본인인 나 자신이다. 다섯 식구중에 5등의 위치에서 오늘 하루를 허덕이며 살아간다. 그러다 보니 잡다한 일거리들이 전부 내 앞으로 떨어져 권한은 없고 책임만 너절하게 따라붙는다.
 요즘 내 몸에 신(神)기가 들어선 모양이다. 친구들이나 이웃들이 나의 꿈이나 예견에 예지능력이 있다고 한다. 꿈을 꾸던가 순간적인 예견이 머릿속을 스치면 다음에 그와 관련된 일련의 사안들이 이상하게 내 눈앞에 펼쳐진다.
 지나간 어느 날 밤 꿈에 내가 월남 처녀와 또 한번 결혼을 하였다. 기존의 집과 새로운 보금자리 양쪽을 오가며 두 여인과 사랑을 나눌 생각만 해도 가슴이 두근거렸다. 그러다 아쉽게도 꿈에서 깼다. 그다음 날 아름다운 에스(S) 라인의 매력적이고 고혹적인 몸매를 지닌 젊은 여성분을 만나 꽃다발을 전해주는 일이 벌어졌다. 이런 일을 겪으려고 그런 엄청난 꿈을 꾸었던 모양이다. 돌아서는 발길에 원숙한 여인의 환한 웃음이 자꾸 눈가에 어른거린다.

이번에는 어느 아름다운 여인의 자태에 관한 예측의 이야기이다. 이틀간의 양양지역 문학탐방을 마치고 귀향길에 바닷가 어느 식당서 점심을 먹게 되었다. 문을 들어서면서 벗어놓은 구두에 발이 걸려 하마터면 넘어질 뻔하였다. 놀라 내려다보니 흩어진 백색의 신발 두 짝이 너무 귀엽고 앙증스러워 보였다. 어느 여인의 신발일까? 거기까지 생각되니 그냥 지나칠 수 없어 흩어져 있던 구두들을 나란히 세워 놓았다. 더욱 탐스럽고 귀티가 나 보였다.

오뚝 선 구두 코끝을 바라보노라니 마치 작고 달걀같이 동글게 생겼을 그녀의 귀여운 발뒤꿈치의 모습이 그려진다. 신발이 예쁘니 분명 그 여인 역시 에스(s) 라인의 환상적인 몸매일 것이라고 상상을 해본다.

옷깃만 스쳐도 인연이라는데 하물며 그 여인이 아끼고 사랑하던 구두를 열을 맞춰 예쁘게 정리를 해 주었으니 보통 인연은 아닌 모양이다. 밖을 내다보니 아직도 많은 사람들이 대기를 하고 있었다. 급히 식사를 마치고 자리를 내주었다.

문을 나서다 또다시 구두에 채어 몸이 휘청거린다. 뒤돌아보니 하필이면 또 그 여인의 신발이었다. 아무리 그 여인의 구두가 예뻐 보여도 두 번씩이나 사람이 넘어질 뻔했으니 좋아 보일 리가 없었다. 그냥 나가려 하니 엎으러 진 그 백색 구두가 또 눈에 거슬린다. 다시 그 여인의 하얀 발목 구두를 가지런히 챙겨서 옆으로 얌전히 모셔 놓았다.

 밖으로 나오니 6월의 미풍이 살랑살랑 불어온다. 바닷가의 훈훈한 바람이 온몸을 휘감고 머리카락을 스칠 때는 전신이 초여름의 꿈속으로 빠져든다.
 따뜻한 햇살을 피해 긴 나무 의자에 몸을 기댄다. 종이 커피 잔에 짙은 갈색의 커피 향이 불어오는 바람 따라 한 모금씩 사라진다. 거의 다 들었을 즈음 문 쪽을 바라보니 그 여인이 가지런히 놓인 신발 속으로 앙증맞은 두 발목을 살그머니 들여놓는다. 이상 하리 만치 예감이 딱 들어맞는다.
 적당한 체격에 머리는 길지 않은 생머리를 하고 있을 것으로 생각했다. 가느다란 허리에 날씬한 자태의 여인일 것이라고 믿었다. 그리고 백색 구두와 연상되어 하얀 옷을 입었으리라 추측을 했었다. 아주 멋쟁이 여인일 것이라고 확신을 했었다.
 그녀를 처음 대면하는 순간 나는 두 눈을 의심할 수밖에 없었다. 내가 예측하고 기대했던 화려하고 발랄한 모습 그대로의 아름다운 몸매의 맵시를 지닌 환상적인 여인이었다.
 하얀 원피스에 길지 않은 생머리, 가녀린 허리, 적당한 키, 하얀 손 장갑까지 끼고 있었다. 오똑한 코에 마치 자로 재어 엎어 놓은 듯 반듯한 이마, 좌우 대칭을 이루는 시원한 눈길, 비너스를 닮은 날씬한 20대 중반의 몸매였다.

나는 그 순간부터 그녀의 일거수일투족을 모든 육감을 집중시켜 지켜 보았다. 그녀가 불어오는 바닷바람에 머리카락을 날리며 한발 한발 주차장으로 향한다. 이것은 사람의 걸음걸이가 아니었다. 보는 이의 심장이 녹아내리는 뇌 살 적인 여신(女神)의 걸음걸이였다.

나는 또 한 번 놀랐다. 그녀가 타고 있는 승용차의 색깔이 하얀 색깔이었다. 눈 부신 태양 속에 그녀의 환하게 웃고 있는 모습이 유리창 너머로 비쳐난다. 그녀의 입술이 반짝 열리면서 하얀 치아가 더욱 상큼하게 드러난다.

아무 일도 없었다는 듯 그 여인의 차량이 나와의 인연을 저버린 채 서서히 사라진다. 그렇게 그 여인은 푸른 해변을 돌아 산 속으로 사라졌다. 그 길을 따라 무심한 차량들이 꼬리를 물고 달린다. 그녀는 알고 있을까? 어느 머리 허연 초로의 남자가 자신의 구두를 가지런히 정리해 놓았다는 사실을, 그것도 한 번도 아니고 두 번이나...

이번에는 손전등을 상품으로 받은 일련의 사안이다. 우리는 다시 서둘러 귀향길에 올랐다. 참으로 예감이 이상하다. 차량에 올라서면서 사회자가 이 버스에 관하여 꼭 물어볼 것만 같았다. 버스밖에 표시된 차체 전장 길이 12.5미터를 기억 속에 메모를 해두었다. 바로 그 문제가 차내에서 퀴즈 문제로 출제되었다. 우연히 때아닌 횡재를 했다. 정답을 맞춰 LED 스탠드형 램프를 상품으로 받았다.

오늘도 집안 단속의 책임감에 현관문 베란다 거실 부엌 등을 일일이 점검하고 잠자리에 들었다. 지금 내 손에 쥐고 있는 것이 수년 전 동해안 문학탐방 귀향길에 퀴즈 문제 하나 잘 맞춰서 상품으로 받은 LED 작은 손전등이다.

적당한 손잡이와 자바라 형식의 긴 목 상단에 전광판이 달려 있다. 갖고 다니기 편하고 긴 목을 마음대로 구부리고 방향을 바꿀 수 있어 아주 긴요하게 사용하고 있다. 나에게 있어서는 나름대로 의미가 있고 역사가 깊은 소중한 물건이었다.

내가 생각해도 내 자신이 예사롭지 않다. 잠자리에 들면서도 혹시 내가 신들린 남자는 아닐까? 나 자신이 무척 의심스러웠다.

약속(約束) - 정선 덕우리(德雨里)를 찾아서

그녀와의 약속을 지키는데 십여 년의 세월이 걸렸다. 누가 시킨 약속이 아니라 스스로 다짐했던 약속이다. 내가 정선(旌善) 땅 덕우리(德雨里)와 인연을 맺게 된 것은 광산 도시 태백에서 공직 생활을 하면서다.

그날, 어둠이 짙게 내린 거리는 빗방울을 뿌리기 시작했다. 칙칙하게 내리는 빗줄기가 이방인의 마음을 우울하게 만든다. 비가 내리던 날 목로주점에서 우연히 만난 그녀를 지금까지도 마음속에서 지울 수가 없었다. 그녀의 길게 늘어뜨린 머릿결에서는 아직도 비에 젖은 물기가 촉촉이 흐르고 있었다. 우리는 얼굴을 마주한 채 오랜 친구인 양 술잔을 높이 들었다.

인연(因緣)이란 무엇일까? 왜 하필 그날 그 시각에 그녀를 만났을까? 피할 수도, 한 치의 오차도 없이 찾아드는 것이 인연이라는데 거기에는 무슨 의미가 숨겨져 있을까? 무시무종(無始無終)의 시간 선상에서 모든 사물이 연(緣)을 따라 일어나고 연

(緣)을 따라 사라 진다는데... 따라 주는 손길이 몹시 거칠다.
 손가락 마디마디에 고달팠던 세월의 흔적이 묻어난다.
 한 잔 술에 하얗게 웃음을 드러내면서 과거(過去) 많은 여인이라고 했다. 그녀가 태어난 곳은 기암절벽과 푸른 숲이 울창하게 어우러진 산 높고 물 맑은 깊은 산골이라 했다. 하얀 백사장 대신 주먹 돌과 잔자갈들이 곱게 깔린 덕우리 강변에서 꿈 많은 어린 시절을 보냈다고 했다.
 나이 들어 인연을 따라 그곳을 떠난 지가 삼십여 년이 넘지만 그녀는 하루도 고향의 밤을 잊은 적이 없다고 했다. 그녀는 짙은 여인의 향기를 품고 있었다. 술잔과 함께 흩어지는 그녀의 미소 속에는 중년의 기품이 풍겨난다. 비 오는 날이면 외로움을 타는 사람들 그러기에 생면부지의 두 남녀가 깊은 밤 시름을 놓은 채 술잔을 기울인다.

 그녀에게도 한때는 사랑했던 사람이 있었다고 했다. 첫 번째 남자는 비 오는 날 빗속을 거닐며 그녀 곁을 떠나갔다. 두 번째 남자가 운명하던 그날도 비가 추적추적 내렸다. 그녀는 비 오는 밤이면 그리움으로 번민의 밤을 지새운다고 했다.
 내게 덕우리를 아느냐며 세상에 둘도 없이 좋은 곳, 언제고 한번 들려보라 일러준다. 증인도 없고 서약도 없는 다만 서로의 가슴속에 주고받은 무언의 약속이었다. 그 이후로 그녀를 다시는 볼 수가 없었다. 그녀는 내게 아무것도 알려주지 않았다. 비 오는 날 저녁에 만나서 비 오는 밤에 그렇게 헤어졌다. 연(緣)이 있으면 다시 만날 수 있지 않겠느냐고?

오랜만에 고속도로를 달리는 기분이 상쾌하다. 정선 읍내 시가지로 접어드니 입구에 대형 아치가 눈에 들어온다 「청정자연, 순박한 인심-활기차고 풍요로운 새 정선 건설」 군정 지표가 대변하듯 정선군민의 따뜻한 마음씨와 순후한 정서를 새삼 느끼게 한다.

길가 옆 덕우리(里) 경계 표석이 나그네에게 갈 길을 일러준다. 큰덕 자(德) 비우 자(雨)이다. 비스듬히 경사진 농촌의 아늑하고 한적한 마을이 눈에 들어온다. 그녀가 태어나 꿈을 키우며 살았다는 마을 입구에 들어서니 감회가 새롭다. 어머니의 품같이 강물이 활처럼 휘어져 마을을 감싸안고 흐른다.

언제부터인가 나의 마음속 깊은 곳에도 덕우리를 가로지르는 맑은 강물이 흐르고 있었다. 처음 와보면서도 낯설지 않은 이곳. 비록 반기는 사람은 없어도 홀로 간직한 나만의 그리움으로 가슴이 설레인다.

가슴속 깊이 묻어 두었던 꿈과 애정이 서린 덕우마을, 귓가를 스치는 누님의 고운 숨결처럼 정감이 간다. 그녀의 흔적과 체취가 바람결에 실려 나그네에게 반가운 손짓을 한다.

옛날 이곳에는 백오담((白烏潭)이라는 큰 연못이 있었다고 전해진다. 일명 백우담 이라고도 하는데 흰 까마귀가 이 연못가에서 울었다 해서 불려진 이름이다.

덕우라는 마을 이름은 고양산 기슭에 위치한 마을로서 고양산이 크다하여 큰 덕(德)자를 따 이름을 붙인 덕산기(德山基)라는 옛 지명과 백우담이라는 연못 이름이 합쳐서 부르게 된 것이라고 한다. 덕우리 본 마을을 일명 버드내(柳川)라고도 하는데 이 또한 버드나무가 많아서 붙인 옛 이름이라고 한다.

　길게 이어지는 강둑을 따라 추억의 시간을 되새기며 정처 없이 걸었다. 봄바람이 시원하게 불어온다. 머리 깃을 스치는 바람결에서 그녀의 체취와 따뜻한 미소가 느껴진다. 이름도 성도 모른다. 얼굴도 잊었다.

　"이 세상 어느 곳보다도 산 높고 물 맑은 깨끗한 강변, 푸른 나무들이 울창하게 숲을 이룬 덕우마을에서 태어난 것을 자랑스럽게 생각한다고…" 비 오던 그날 목로주점에서 그녀가 독백처럼 얘기하던 그 한마디가 가슴속을 파고든다.

　꿈 많은 소녀 시절 그녀가 작은 행복을 그리며 나비처럼 거닐었을 강변의 물줄기가 오늘도 변함없이 서녘을 향해 흘러내린다.

　굽이굽이 산비탈을 휘몰아쳐 펼쳐놓는 푸른 계곡의 정경이 가히 신선이 살아가는 선경(仙境)의 나라이다. 기암괴석이 단애(斷崖)의 절경을 이루고 절벽 끝 높은 곳에 청송(靑松)의 군락들이 유신칠현(遺臣七賢)들의 굳은 절개를 잊지 않으려는 듯 푸르고 올곧게 자라고 있었다.

　물길 따라 그녀의 속삭임이 들려온다. 내 고향 덕우리를 미치도록 사랑했다는 그녀의 향수(鄕愁) 깃든 말 한마디가 가슴에 맺혀 나그네의 발걸음이 강가에서 떠날 줄을 모른다. 시간이 숨을 멈춘 채 그녀를 향한 상념의 날개들이 끝없이 물길을 따라 흘러간다. 저무는 황혼 녘 덕우마을 정경 속에 잊혀진 그녀의 모습이 못내 그리워 나그네 두 눈가에 연정(戀情) 어린 물기가 묻어난다.

　그녀의 마음도 이곳 노을빛 물결 넘실대는 어천 강가를 거닐고 있겠지. 그녀가 갑자기 보고 싶어진다. 이름이라도 나이라도 물어나 볼 것을... 때늦은 후회 속에 돌아서는 발길이 아쉽기만 하다. 별빛이 흐르는 강변을 따라가며 그녀의 미처 못다 한 얘기를 듣고 싶다.

　그녀가 그리워지면 언제고 나는 덕우리를 향해 바람처럼 또 달려갈 것이다. 비 오는 날이면 창문을 열어놓고 양쪽 귀를 쫑긋 세운 채 빗속에 실려 오는 그녀의 발 자국 소리를 숨죽여 기다릴 것이다. 삶이 다하는 그날까지 회억(回憶) 속에 깊이 자리하고 있는 덕우리의 맑은 강물과 잊어버린 빗속의 여인(女人)은 내 마음속에 오래도록 기억 될 것이다.

　늦은 밤 어둠 속에 짝 잃은 외로운 별들이 가슴이 서럽도록 반짝인다. 오늘 밤도 못다 한 그녀의 얘기를 찾아 꿈길 속으로 젖어 든다. 그녀의 행복을 가슴속 깊이 빌어본다. 그녀가 깊이 사랑했던 덕우리와 덕우마을 주민들의 안녕도 같이 기원한다.

소설 「얼지 않는 강」(전편, 후편) 출간 회고록

　세월이 유수 같다더니 참으로 정신없이 흘러간다. 신년을 맞은 지 엊그제 같건만 어느 새 한해의 절반이 바람처럼 흘러갔다. 그리고 보니 봉급 생활자 신분을 떨쳐 낸 지도 벌써 1년이 훌쩍 넘었다. 세상 물정 모르던 열아홉 살부터 봉급쟁이 삶이 시작되었다.
　중간에 1년간의 외유를 거쳐 다시 봉급 생활자의 신분이 계속되었다. 결국은 인생 70 고래희의 나이로 반 백발이 되어 장장 50년간의 월급쟁이 갈급 쟁이라는 박봉 속에 길고도 먼 직장생활을 마감하였다.
　그간의 세월이 바람처럼 머릿속을 스쳐 간다. 철없던 시절을 지나 청년기 장년기 노년의 초반까지 인생의 삶의 대부분을 봉급 생활자로 살아왔다. 평창군 진부면사무소 근무를 시작으로 해서 최종적으로 의회 내 강원도 의정회를 끝으로 도청의 정문을 무거운 발걸음으로 나섰다.

높고 푸른 하늘을 올려다보고, 다시 뒤돌아서 도청 청사와 의회 건물을 바라보았다. 그리고 뒤쪽으로 말없이 우뚝 서 있는 봉의산을 바라보면서 마지막 응어리진 마음을 정리했다.

오후 늦게 처진 발길이 집 대신 어린 시절 내가 처음으로 사회를 배우고 빨래비누를 팔았던 육림고개로 향하였다. 그곳에서 장사로 잔뼈가 굵은 친구와 함께 한(恨)이 쌓인 서러움을 토해내며 밤늦게까지 자리를 같이하였다. 사회의 변방인으로, 노동 현장에서 퇴출자의 신세로 전락된 나 자신을 스스로 위로하고 스스로 달랬다.

내 죄 아닌 세월의 탓으로 사회의 탓으로 돌리면서 술잔을 거듭거듭 취하도록 들었다. 뭔가 이룬 것 없이 빈손뿐인 이 자리를 위해 그 많은 세월을 허위단심 죽자 살자 헉헉거리며 숨 가쁘게 달려왔구나 생각하니 허전함과 아쉬움만이 밤하늘에 서럽게 묻어난다.

온몸으로 몰려드는 알코올 기운이 술잔 속에 녹아들면서 스스로를 위로받고자 아니 스스로를 보상받고자 자신과의 약속 하나를 시린 가슴에 깊이 새겨놓았다. 흘러버린 시간이지만 뭔가 매듭 하나를 짓고 나서 미련 없이 떠나보내고 싶었다. 퇴직 기념으로 장편소설 한 편을 써서 잃어버린 세월, 빼앗긴 젊음을 되찾아 보겠다고 흔들리는 달빛 그림자를 바라보며 치기 어린 굳은 맹세를 했었다.

허황된 꿈인 듯 현실의 벽은 높았고 상황은 녹녹치가 않았다. 일상을 보내면서도 마음은 항상 어디를 가나 무거운 중압감과 쫓기는 압박감에서 벗어나지를 못하고 전전긍긍하고 있었다.

그러던 중 어느 날 저녁 늦게 문인들의 모임이 있었다. 수필 부문의 중견 여류 문인 한 분을 마주 대하면서 잊혀진 기억을 되찾은 듯 갑자기 꼭 써야 되겠다는 생각이 불현듯 머릿속을 불꽃처럼 지나갔다.

그 후 책상머리에 앉아 자신과의 그 약속을 지키려고 마음의 글 밭을 무던히도 헤매면서 애를 썼다. 포기했다가는 다시 쓰고 그러다가는 능력의 한계라는 커다란 장벽 속에 허물어져 가는 자신을 안타깝게 바라보면서 펜을 놓은 적도 한두 번이 아니었다. 무수히 많은 날을 고독과 사색으로 창가에 앉아 홀로 씨름을 해 나갔다. 참으로 어둠 속 가시밭길이었고 외로운 행보였으며 혼자만의 낯설고 괴로운 미지(未知)의 세계이었다.

그래도 걸어가야 할 길이라는 무언의 채찍 속에 우직한 황소처럼 뚜벅걸음을 걷다 보니 다행스럽게 장편소설 두 편이 금년 하반기 초에 세상 빛을 보게 되었다. 결실의 보람과 함께 걱정과 근심으로 지새운 그 숱한 나날들의 힘겹고 무거웠던 침묵의 시간 들이 두 권의 책갈피 속에 고스란히 담겨 저 있는 것만 같았다. 나에게 있어서 퇴직이라는 동기가 소설 작품 구성의 시발점이 되었고 동시에 작은 성취감의 변곡점이 되어 주었다.

이에 여기 나의 첫 번째 소설인 「얼지 않는 강(전편:사랑과 죄와 벌) (후편:용서와 죄와 벌)」의 인사말로 실었던 「머리글」 전문을 게재하면서 나름대로 작은 소회에 젖어본다.

[머리글]

우선 이 책을 읽어 주시는 독자 여러분께 먼저 감사의 말씀을 드립니다. 우리나라를 비롯한 중국이나 동양권에서는 유교 사상의 영향 아래 남녀 차별 등 아직도 봉건적 가부장적 잔재 의식이 뿌리 깊게 내려져 있습니다.

이 책 역시 여성으로 힘들게 살아가야 했던 우리들의 할머니 어머니 그리고 누이동생 딸들의 가슴에 묻힌 설움과 눈물이 배인 책입니다. 이제는 더 이상 성차별에 대한 아픔에서 벗어나 남녀가 평등한 양성이 동등한 그런 밝은 세상을 향하여 나아갈 때인 것입니다. 여기 주인공 강성희는 다른 사람 아닌 우리의 이웃이고 우리의 가족이며 우리 사회의 구성원인 평범한 여성입니다.

이 책은 총 20부 160절로 전편 10부 80절과 후편 10부 80절로 이루어진 장편소설로서 전편 「얼지 않는 강(사랑과 죄와 벌)」은 이제 사회에 첫발을 내디딘 신출내기 강성희가 성폭행을 당한 후 죽음까지 생각하고 한때는 좌절 속에 방황을 하지만 끝까지 용기를 잃지 않고 자신의 정체성을 찾아가면서 이웃과 함께 열심히 살아가는 내용입니다.

후편 「얼지 않는 강(용서와 죄와 벌)」은 강성희가 어려움을 극복하고 평안한 가정생활을 유지하면서 살아가고 있던중 우연한 기회에 남편이 30여 년 전 자신을 성폭행한 범인이라는 사실을 알게 됩니다. 숱한 갈등과 번민 속을 오가다 결국은 사회정의를 위해 남편을 수사 관서에 고발하게 됩니다. 남편이 죗값을 치른 후 용서를 통해 그를 다시 남편으로 받아들이기로 결심하는 어려운 결정을 펼쳐 나가는 과정입니다.

현실의 우리 사회는 성폭행범보다 피해자가 더 많은 몇 배의 아픔과 이중 삼중의 고통을 당하고 있습니다. 그렇기에 평범하고 착하게만 살아왔던 한 여인의 삶의 행로는 이루 감당할 수 없는 형극(荊棘)의 길이었고 캄캄한 터널 같은 어둠 속 거친 가시밭길이었습니다.

성폭행 범죄의 비인간적인 행태는 한 인간의 삶을 파멸로 초래하고 동시에 화목한 가정을 파괴하는 천인공노할 사회적 범죄입니다. 여기 성폭행 피해자 강성희가 평생의 아픔을 안고 질곡(桎梏) 속에 살아가는 과정이 이 책을 통해 적나라하게 펼쳐집니다. 성범죄는 더 이상 있어서는 안 될 흉악한 범죄 이기

우리 사회가 좀 더 밝고 건전한 방향으로 나아가길 바라는 뜻에서 본 소설을 집필을 하게 되었습니다.

　지구촌 곳곳에서 요원(燎原)의 불길처럼 번지고 있는 성폭행 폭로 운동의 일환으로 상기 내용의 아류(亞流)로는 국내 최초의 미투(#ME TOO=나도 당했다)*를 다룬 첫 소설이 아닐까 싶습니다.
　이 책의 특징은
- 남녀 간의 서로의 차이와 다름을 인정하고 상호 존중하고 존경하는 젊은 청춘들의 연애 길잡이로서
- 사랑하는 연인들 간의 감미롭고 달콤하고 향기로운 애정 표현의 필수 애독서로서
- 중년과 노년의 몰려오는 삶의 회의와 고독을 극복하고, 허전함을 채워주는 가슴속 사랑의 기본서로
- 삶의 역경을 통해서 우리가 어떻게 살아가야 하는지를 가르쳐 주는 지혜의 보고(寶庫)서로
- 자라나는 청소년들의 건전하고 올바른 성(性)교육을 위한 지침서로
- 성폭력과 성폭행으로 인한 피해자와 가해자의 일생을 동시에 추적, 반추해 봄으로서 그 무서운 후유증을 성찰하고 성범죄 없는 밝고 건전한 사회 구현 실현의 토양을 마련하고자 하는 뜻과

---

* 미투 운동(Me Too movement) : 성폭행이나 성희롱을 고발하기 위한 것으로, 미국에서 시작되었다. 2017년 10월 할리우드 유명 영화제작자인 하비 와인스틴(Harvey Weinstein)의 성추문을 폭로하고 비난하기 위해 소셜 미디어에 해시태그(#MeToo)를 다는 것으로 대중화되었다.

- 자살(自殺)은 자신을 죽이는 살인인 동시에 가족과 지인들에게 씻을 수 없는 상처를 주는 범죄임을 자각하고 어떠한 경우에도 용납이 안 되는 인간의 보편적 가치로서 사회적 공감대를 형성하여 자살을 예방하고
- 참회와 용서를 통해 가정의 평화와 인류의 안녕과 행복을 기원하고자 하는 저자의 숨은 뜻이 포함되어 있습니다.

　네이멍구(內蒙古) 아얼산의 '얼지 않는 강'은 영하 40℃에서도 결빙(結氷)되지 않고 흐른답니다. 주인공 강성희도 갖은 세파에 시달리면서도 불의에 맞서 항상 바르고 정의롭게 살아왔습니다. 이에 그녀의 강직하고 따뜻한 마음을 기리는 뜻을 담아 「얼지 않는 강」으로 책 제목을 설정하였습니다.
　아울러 본 책자의 발간에 많은 도움을 주신 태원출판사 대표이사님과 관계관 여러분에게도 감사의 말씀을 드립니다. 또한 오늘의 출간이 있기까지 음으로 양으로 많은 성원을 해주신 독자 여러분과 아내와 가족, 친지 및 친구, 지인 모두에게도 지면을 빌어 고맙다는 말을 전합니다.
　끝으로 이 책이 사회의 빛과 소금의 역할에 기여할 수 있는 작은 계기가 되었으면 하는 바람입니다. 감사합니다.

　　　　　　　　　2020년 07월 16일　저자 시우(時雨) 조 세증

소설 「천상의 여인」(상편, 중편, 하편) 출간 회고록

□ 집필 동기

우리 주변에는 지금도 병마로 인해 죽음의 문턱에서 고통받는 장기이식 대기자가 4만 5830명에 달하고 장기 기증자는 아직도 442건에 불과했습니다(2021년 기준). 촛불처럼 꺼져가는 그들에게 새 생명을 이어주는 분들이 바로 장기 기증자들입니다.

이제는 우리 사회도 장기기증 문화에 많은 관심과 폭넓은 이해가 필요한 시점입니다. 좀 더 적극적인 장기기증 운동의 활성화를 도모하고 기증자들의 고귀한 희생과 숭고한 뜻을 높이 기리고자 본 소설을 집필하게 되었습니다.

자신의 장기를 아낌없이 기증하고 하늘나라로 올라가신 고인(故人)들의 명복(冥福)을 빌며 슬픔과 애통 속에서도 어렵게 장기 기증 결정을 하여주신 유족여러분께 다시 한번 충심으로 위로와 감사를 드립니다.

□ 주요 내용

첫째는 천상(天上)의 여인인 소라공주가 지구상에서 속세의 삶을 살아가면서 천계와 인간 세상의 가교역할을 하게 되고, 그를 통해 그간의 신(神)과 인간의 종속관계가 아닌 새로운 축복과 은혜의 수평관계 속에 지상에서 인간들의 바르고 착한 삶을 응원합니다. 이를 통해서 우리 모두 다시 한번 가정과 사회, 선(善)과 정의(正義), 자유와 평화, 그리고 행복과 사랑의 진정한 가치를 새롭게 살펴보는 계기가 되었으면 하는 마음입니다.

둘째는 요즘 들어 TV나 영상을 통해 무자비한 폭력과 살상의 표현 수위가 점점 높아져 가고 있습니다. 인간의 목숨을 너무 가벼이 여기고 생명을 경시하는 참혹하고 비정한 일들이 각종 매스컴에 자주 오르내립니다. 살인(타살과 자살)은 「하늘지존」의 뜻과 천률(天律)이 정하고 있는 것 외에는 하늘나라에서도 절대 용납될 수 없는 큰 죄악임을 명심하고 생명의 소중함과 존엄성을 되돌아보는 기회가 되었으면 합니다.

셋째는 우리 사회에서도 '장기기증 문화 운동'이 더욱 널리 확산되어 절망과 고통 속에 죽어가는 환자들에게 새로운 삶을 이어주는 생명의 소중함을 다시 한번 일깨우는 기회가 되기를 바라는 마음입니다. 그리고 장기 기증자 유족을 지원할 수 있는 제도적 장치를 마련코자 하는 의도입니다.

넷째는 개인의 인권신장과 성인지 의식을 고양하여 양성평등의 사회를 이룩하는 한편, 성폭력과 성폭행, 마약 등 각종 사회악을 뿌리 뽑아 우리 모두가 지향하는 밝고 깨끗한 범죄 없는 사회를 만들어 나가는 이정표가 되었으면 하는 바람입니다.

 다섯째는 지구촌의 자원을 아끼고 자연을 보존해서 미래의 세대들이 좀 더 나은 환경 속에서 행복하고 안전하고 건강하게 살아가기를 희망하는 바람입니다.
 모쪼록 이 책이 사회의 빛과 소금의 역할에 기여 할 수 있는 작은 계기가 되었으면 하는 소망입니다.

1. 천상의 여인 [상편 : 희망의 꽃 달빛 전설]

 어린 시절 코흘리개 꼬마는 앞마당에 낡고 해진 멍석을 깔아 놓고 이웃집 병도 할머니 팔베개를 베고 별자리 이야기를 들어가며 잠이 들었습니다. 밤하늘에는 끝없이 많은 별들이 펼쳐져 반짝이고 있었습니다.
 어둠 속 별똥별이 하늘을 가르며 떨어지는 것을 보고 할머니는 하늘나라 선녀님들이 깊은 산속 옹달샘을 찾아 목욕 하러 내려

오는 것이라고 속삭여 주었습니다. 할머니는 선녀와 나무꾼의 얘기도 들려주었습니다. 아기를 안고 하늘에 오른 선녀는 큰 두레박을 땅 위로 내려보내 나무꾼도 하늘로 올라가 함께 행복하게 살았습니다. 큰 별똥별은 선녀들의 별이고 작은 별똥별은 아기들의 별이라고 하였습니다.

어린 꼬마는 신비스러운 은하수를 바라보며 저 많은 별들의 세계에는 선녀님과 또 누가 살고 있을까? 하는 생각으로 잠을 설치다 별나라 꿈을 꾼 적이 한두 번이 아니었습니다. 그 꿈속 하늘나라에서는 수많은 아름다운 꽃들과 향기 나는 계수나무, 절구 방아를 찧는 옥토끼도 있었고 화려한 궁전과 어여쁜 공주님도 살고 있었습니다.

어린 꼬마는 그곳이 너무 좋았습니다. 그러다 언 듯 잠에서 깨어나기라도 하면 병도 할머니께 떼를 쓰듯 졸라댔습니다. 밤하늘 별빛이 반짝반짝 빛나는 그곳으로 다시 데려다 달라고 울면서 할머니 허리끈에 매달렸습니다. 할머니는 쉰 목소리로 자장가를 불러주었고, 어린 꼬마는 또다시 옥토끼와 공주님이 계시는 그 별을 찾아갔습니다.

그 꿈은 어른이 되어 바쁜 삶을 살아가면서도 언제나 마음 한 구석에 보이지 않게 늘 잔존하고 있었습니다. 생의 고개 마루턱에서 지나온 세월을 뒤돌아보는 침묵의 시간도 잦아졌습니다. 그럴 때마다 저 무한한 우주공간 속 어딘가에는 또 다른 세계가 분명히 존재할 것이라는 생각이 들었고, 어느 날 갑자기 천상의 나라가 머리에 떠올랐습니다. 천계와 지구촌, 신과 인간의 협력

관계라는 내용이 얽히면서 천상의 '금계 대국'이라는 영감(靈感)의 가상 세계가 머릿속에 그려졌습니다.

천상의 여인「희망의 꽃 달빛 전설」(상편)에서는「하늘 지존」께서 지구촌을 사랑하사 축복과 축원으로 인류의 번성과 번영을 기원해 주셨습니다. 한편으로는 하늘 '금계 대국'의 소라 공주로 하여금 천상과 인간세계에서 가교역할을 하도록 배려를 해 지구촌을 방문하게 됩니다.

마지막 지구촌 방문을 통해 자신의 장기중 간과 신장을 이식 받은 수증자들의 삶을 돌아보고 건강 상태를 확인하면서, 장기 기증 자들의 숭고한 희생정신을 기리기 위한 '장기기증 자 영령 우대 천률 개정과 숭모관 건립'의 필요성을 절실하게 느끼게 됩니다.

그런 가운데 소라 공주는 지구촌을 첫 번째 방문했던 반세기 전의 회억 속으로 빠져듭니다. 그녀가 닭의 화신(化身)이 되어 미천한 신분으로 인간세계에 내려와 어려운 환경 속에서 힘들게 생활하면서 인간의 삶에 도움이 되고자 많은 노력을 기울였던 추억을 떠올립니다.

닭의 몸으로서 소라 공주가 주인집 아들 철구를 사랑하는 애틋한 마음이 남모르게 깊어지고 그러면서 좌충우돌 사랑을 쟁취하기 위한 눈물겨운 사연들이 전개됩니다. 그런 와중에 다른 암 탉들의 경계 대상이 되어 시기와 질투를 받게 되고 닭장 안의 암탉들은 소라 공주를 제거하기 위해 합종연횡의 연합전선을 펼쳐갑니다. 아직도 분위기를 눈치채지 못하고 하루의 일상을 영위하는 소라 공주에게 보이지 않는 검은 음모가 시시각각 다가와 목숨이 경각에 달리는 긴박한 상황으로 치닫게 됩니다.

2. 천상의 여인 「소라의 꿈 풀빛 사랑」(중편)

밤하늘 펼쳐지는 별들의 세계가 언제나 저의 작은 눈에는 신비로움으로 비치어졌습니다. 조그마한 눈동자에는 어둠 속에 빛나는 숱한 별들이 자리하고 있었습니다. 밤하늘은 서서 쳐다보는 것보다 누워서 바라볼 때 더욱 아름다웠고 더 많은 별들을 볼 수가 있었습니다.

어린 꼬마는 병도 할머니 팔베개를 베고 멀리서, 가까이서 총총히 반짝이는 수많은 별들을 헤아려 보았습니다. 그중에 가장 환하고 밝게 빛나는 별이 있었습니다. 얼마나 먼 거리인지는 몰라도 그 많은 별 중에 가장 반짝이면서, 그들만이 품고 있는 태고적 전설을 얘기해 주는 것 같았습니다.

병도 할머니는 웃으시며 바로 저 큰 별이 나의 별이라고 가르쳐 주셨습니다. 끊임없이 반짝이면서 고운 빛을 내려보내고 있었습니다. 할머니는 나에게 아주 먼 옛날에 절친한 여자 친구가 있었다고 말해 주었습니다. 그리고 저 반짝이는 샛별을 지나 또 가고 또 가면 천상의 높은 하늘에 닿을 수 있다고 했습니다.

그 푸른 하늘 끝에는 마음이 고운 사람들만 살고 있는 나라가 있고 그곳에는 아름다운 공주님도 같이 있다고 말씀하셨습니다. 그 공주가 바로 나의 예쁜 색시라고 했습니다. 그 이후부터 어린 꼬마는 밤만 되면 먼 하늘을 바라보며 색시의 모습이 나올 때까지 밤하늘을 쳐다보았습니다. 그리고 그곳을 오르고 싶어 했습니다.

그러면서 지나온 세월이 이제는 고래희(古來稀)를 훌쩍 넘어 백발이 다 되었습니다. 그 소년은 그곳은 도저히 육신을 갖고는 갈 수 없는 머나먼 세계라는 것을 뒤늦게 알았습니다. 그곳은 마음으로, 정신으로, 그리고 의식으로만 갈 수 있는 곳이고 그곳에 살고 있는 공주님은 꿈속에서만 만날 수 있었습니다.

그 꼬마는 노인이 되어서도 별나라 공주인 자기 색시를 잊을 수 없었습니다. 그 노인은 오늘도 어린 시절로 돌아가 꿈속에서 밤하늘에 빛나는 예쁜 색시를 그리워하며 하염없이 바라보고 있습니다.

천상(天上)의 여인「소라의 꿈 풀빛 사랑」(중편)에서는 소라 공주는 한 우리 내 닭장 속 암탉들의 무서운 음모에 빠져 목숨을 잃고 천상으로 귀천을 하게 됩니다. 하필이면 술주정뱅이 마영달 이라는 인간의 화류병(성병) 치료를 위해 자신의 몸을 내어 주어야 하는 아픔을 겪으며 눈물 속에 하늘로 올라갑니다. 소라 공주는 천상에서 행복한 시간을 보내면서도 마음속에는 그간 지상에서 자신이 연모했던 철구라는 소년을 잊지 못해 합니다.

천상의 여인이건만 인간 세계와의 인연을 끊지 못하고 혼자만이 남몰래 애를 끓이며 지구촌에 대한 그리움으로 깊은 상념에 젖어 듭니다. 소라 공주는 지구촌 첫 방문의 회억 속에서 깨어나 또다시 자신의 폐와 각막과 췌장을 이식받은 수증자를 찾아보고 그들의 건강한 삶을 확인하게 됩니다.

그녀는 마지막으로 춘천의 심장이식 수증자를 찾아가면서, 그녀가 첫 번째로 인간의 화신이 되어 지구촌을 두 번째 방문했던 30여 년 전의 추억 속으로 다시 한번 빠져들어 갑니다. 이번에는 미모의 20대 여인의 모습으로 내려와 지상에서 인류를 위해 최선의 노력을 기울입니다. 익숙치 못한 인간세계에서 좌충우돌 열심히 살아가는 소라 공주의 새로운 면모를 보여주는 내용입니다.

3. 천상의 여인 「이별의 강 별빛 눈물」(하편)

낮에는 숨어 있다가 밤이 되면 나타나 어둠 속에 무수히 빛나는

저 별들은 어디서 왔고 대체 무엇인지 어려서부터 항상 궁금했었습니다. 비록 닿을 수 없고 직접 가 볼 수는 없지만 무한한 우주공간을 쳐다보면서 지구촌 넘어 어딘가에 천계의 또 다른 세상이 분명히 존재하고 있을 것이라는 생각은 반백의 노인이 된 지금까지도 변함이 없습니다.

팔베개를 지우신 병도 할머니는 엄마를 기다리며 울고 있는 어린 꼬마에게 하늘나라의 얘기를 또 해 주셨습니다. 아주 먼 옛날 옛적 어둠만이 있는 곳에 하느님의 뜻에 따라 하늘과 땅이 생기고, 낮이 만들어졌고 밤이 만들어졌다고 했습니다. 천상의 남매 중 오빠는 햇님이 되어 낮을 환히 밝혀 주었고, 어린 여동생은 달님이 되어 고요히 밤을 밝혀 주었습니다.

밤하늘을 혼자 지키는 여동생은 밤이 외롭고 무서워 친구들을 만들어 달라고 하였습니다. 이에 하느님이 어린 여동생을 위해 크고 작은 수많은 별들을 만들어 보내주셨습니다. 지금도 밤하늘에 무수히 반짝이는 많은 별들은 여동생 달님의 친구가 되어 어두운 밤길을 같이 밝혀 주고 있는 것이라고 했습니다. 반짝이는 별을 바라보면서 하늘은 결코 지구촌의 인간 세상을 미워하지 않고 언제나 온유하고 인지하시며 자비로서 인류에게 지극한 사랑의 눈길을 보내주고 있다는 생각이 들었습니다.

밤하늘을 밝히는 별들 중 유난히 빛나는 나의 샛별을 찾아 일러주던 병도 할머니의 인자하신 모습과 병도 형님의 미소 짓던 얼굴, 명순 누나의 고운 모습도 새삼 그리워집니다. 샛별이 나의 별이고 그곳을 지나 더 멀리 떨어진 곳에 나의 색시별이 빛나고 있다는 병도 할머니의 말씀을 나이가 들어서야 이해하게 되었습니다. 샛별은 항상 내 가슴속에 빛나고 있고, 하늘 끝의 색시별은 꿈속에서만이 만날 수 있는 내 영혼의 짝꿍이라는 것을 뒤늦게 알게 되었습니다.

천상(天上)의 여인 「이별의 강 별빛 눈물」(하편)에서는 천계의 여인 소라 공주가 지구촌 두 번째 방문을 하게 됩니다. 천상에서 겪어보지 못했던 인간의 신체적 리듬과 가슴속에 밀려오는 사랑의 감정을 어쩌지 못하고 애를 태우며 살아갑니다. 그러던 중 뜻밖의 인연으로 인해 여인으로서 육체적 첫 경험을 치르게 되고 자신의 분신을 어렵게 출산하게 됩니다.

소라 공주는 자신의 마음속에 그리워했던 철구라는 소년과 그 소년을 꼭 빼어 닮은 선우명수라는 사랑의 그림자를 쫓아 평생을 헤매 다닙니다. 그러던 중 마약 밀매꾼들의 속임수에 넘어가 수년 동안 교도소 수감생활을 하게 됩니다. 그녀는 출소 후 지난날의 죄를 뉘우치고 마지막으로 자신의 장기를 기증하여 병마로 쓰러져 가는 많은 생명을 살리고 다시 천상에 오릅니다.

20년 전 긴 회억 속에서 다시 깨어난 소라 공주는 자신의 장기를 이식 수증 받은 또 다른 가족들의 새로운 삶을 찾아 돌아보고 그들의 건강한 삶을 축원합니다.

또한 이번 지구촌의 세 번째 방문을 통해 그간에 그렇게도 목매어 찾아 헤매던 철구씨도, 선우명수 검사도, 자신의 딸인 미선이도 극적으로 상봉하게 됩니다. 하지만 다시는 생각해서는 안 되는, 만나서도 안 되는 가슴 아픈 상황 속으로 빠져들면서, 천계의 영적 여인이 겪는 인간적인 고뇌와 끊을 수 없는 인연의 고통이 처절하고 적나라하게 펼쳐집니다.

  천상의 여인 소라 공주는 지상에서 이룰 수 없었던 애절한 사랑과 가슴 아픈 미련을 모두 접은 채 인류의 행복과 번영을 축원하면서 다시는 돌아올 수 없는 지구촌을 떠나 귀천하게 됩니다. 사랑하는 마음이나 인연의 그리움은 천계의 여인이나 속세의 인간이나 별반 다름이 없다는 사실을 작가는 본 소설 속에서 이야기하고 있습니다.

    지구촌 인연(因緣)의 사슬을 끊지 못하고 평생을 헤매며 슬픔과 괴로움 속에 애를 끓여야 했던 천상의 여인.
    사랑하는 정인(情人)의 숨결을 잊지 못해 인간이 되고 싶어 몸부림치며 가슴 아파했던 한 맺힌 천상의 여인.
    그리움과 연민(憐憫)의 정을 가슴에 안고 이별 앞에 돌아서서 회한의 피 눈물을 흘려야만 했던 천상의 여인.

  혹시 소설의 표현 속에 독자 여러분이나 가족 간에 믿고 계시는 신앙 속 성전(聖典)의 교리나 교조, 계율, 의범 등과 상충되는 부분이 있으시다면 많은 양해 바랍니다. 본 소설의 내용은 작가의 살아온 체험과 순수한 상상력에 의한 창작물이기 저자가 꿈꾸고 갈구하는 소망과 이상이 담겨진 픽션(fiction)으로서 읽어주시면 감사하겠습니다. 독자 여러분의 건강을 기원합니다.

              2023년 01월 05일   저자 시우(時雨) 조 세 증

조세증 수필집

거울 속 눈썹 빗는 남자

발 행　2025년 07월 18일
지은이　조세증
펴낸곳　도서출판 태원
24349 강원특별자치도 춘천시 서부대성로 110-2
TEL (033)255-0277　E-mail tw0277@hanmail.net

ISBN 979-11-6349-144-6 03810
값 15,000원
ⓒ조세증, 2025, korea
이 책은 저작권법에 의하여 보호를 받는 저작물이므로
무단 전재와 복제를 금합니다.

이 도서는 강원특별자치도 강원문화재단 후원으로 발간되었습니다.